人物叢書

新装版

岡倉天心

おかくらてんしん

斎藤隆三

日本歴史学会編集

吉川弘文館

岡倉天心肖像

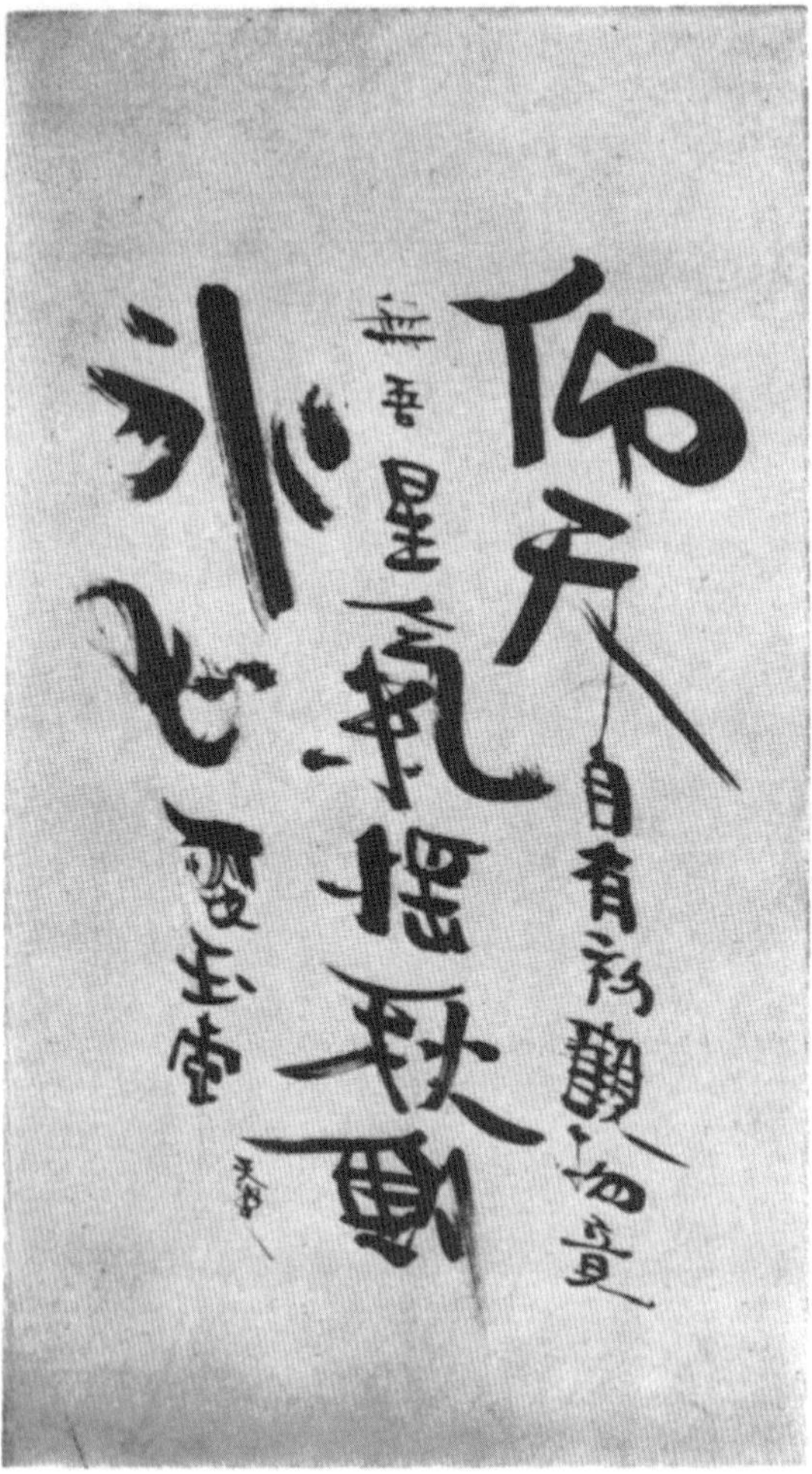

岡倉天心筆蹟

仰レ天自有レ初観レ物竟無レ吾

星気揺二秋剣一氷心裂二玉壺一　天心

はしがき

岡倉天心は超越した先覚であり、希代の偉材であった。随ってそのなすところ、行うところ概ね端倪すべからざるものがあった。私は曾て天心を語らなくてはならない時があって、知る限りの天心を説いたことがあるが、その時には、群盲象を撫すという古語を引いて説いた。多くの盲人が集まって、太くたくましい象の躰に手を触れて、銘々にその手に感じたところを象として語ったというので、結局、誰れもが象の全貌を解したものではなかったということである。天心もまさにその通りで、天心に接触したものは、門下生と門外生とを問わず各方面に亘っての多数であって、それら接近したほとんどの人々は、何ずれもそれぞれに天心の偉大さを説くが、言うところは銘々に異なったものであって同一ではなかった。

何ずれはその分に応じて、得たところ、請けたところを語るものであって、天心の全体ないし真容は知り得なかったのである。数多い門下生の中にも横山大観は、天心に対し群を抜いて傾倒尊敬信頼の限りを尽し、絶対的の崇拝をさえ捧げたものであったことは自他共に允(ゆる)したところで、その克く己れを成しえたのも、一に天心から請けたものに寄るともしている。また天心歿後には、その遺志を継ぎ、遺業を続け、これを大成せしめてもいる。随って最も克く天心を知るものは独り大観ありとして、進んでこれを聴かんとしたものも前後共に多かった。然るに何ずれの場合においても大観はそれに答えて、天心は英雄であり偉人であり、測り知られないものである。吾々のような小さなものには到底解り得ない。小さな見解を以て天心を語れば、徒らに天心を小さくするだけで天心は表われない。到底、天心は測り得ない、語り得ないとして、沈黙するのを習いとしてあった。これこそ真に天心の大きさを会得したものであり、象の大きさを知ったものとせなければならない。私は天心には幾分親しく接近はしたが、門下生でもなければ教えを受けたものでもない。今回、「人物叢書」編集部から天心伝を引き請けられたいという話のあった時には、知ったものが、知った人を伝することは或いは誤ることもあろうかと思って、一応は辞退したが、それよりも、むしろ知っているがために真実をつかむことの方が多いであろうと想いなおしたがためにこれに応ずることにした。群盲の一人となったものであると言うものがあれば、それも甘んじて請ける。故人に対しては、到らざる非礼を寛容さるべきことを切望する。

史筆として思うところを思うがままに書いたものである。内に挙げ来った古人今人の中には、現在に活躍して在らるる方々もある。それもこれも挙げて一切に敬称を省いてある。これまた非礼をとがめず、観過されんことを望む。

昭和三十五年初春

斎藤隆三

目次

口絵

挿図

一　有り明けの燈火

一　誕生と幼時の環境

ありあけのともしの元は菜たねなり　蝶がこがれて会いにくる

青年志士橋本景岳との因由

安政六年(一八五九)徳川幕府の大老井伊直弼によって行われた謂うところの安政の大獄にかかり、二十六歳の若さを以て江戸は小塚原の刑場の露と消えた高識卓見の青年志士福井藩の浪士橋本左内景岳の戯作である。その安政六年からは三年目、又その獄を断行した井伊大老が、登営の途上、水戸藩の浪士に襲われて、桜田門外の雪を血に染めて歿した万延元年(一八六〇)からは二年目の文久二年(一八六二)の、年の瀬迫る十二月二十六日に、世を挙げてかまびすしかった攘夷の声を外に、洋人

誕　生

幼名角蔵のち覚三

雅号天心

生前は専ら実名

相手の貿易港として開かれた別天地横浜において、福井藩経営の貿易商店の当主岡倉勘右衛門の次男として生れたのが岡倉天心である。年末怱忙の際とて角の倉を臨時の産室としての出生であったので、その時は、それに因んで無雑作に角蔵と名づけられたが、それは余りにも平俗に過ぎるということから、やや長じて音訓をそのまま採って覚蔵と改めた。十二歳、東京移住の頃は覚蔵になっている。それを更に蔵を三に換えて覚三とした。大学の在学中であろう。大学卒業は覚三になっている。それで一生を通した。天心は雅号であるが、その前、詩を作って十八―九歳前後には三匝の号もあり、二十五―六歳以後には種梅の号も用いた。天心は明治三十年前後、漸く肉体肥満を覚えて胸間に贅肉を生じ何回か截り取りもしたが効果なく、その瘢痕の連なるところ、宛も草体漢字の天の字を成したので、心臓の所在部のほとりであった所から、半ば戯れて天心としたのが遂に雅号となるに至ったものとする。さりながら生前自らは文雅の文字や俚謡小唄など書いた時にこれを用いただけで、近親の間の通信の手紙にさえ滅多には使わなかった。どこまでも世間は岡倉覚三で通したもので、近い関係のものは岡倉先生と呼び、一般には岡倉さんであった。外国で出した英文著書の署名などは OKAKURA KAKUZO であった。一般的に天心と呼ぶようになったのは、大正十一年に日本美術院が『天心全集』の名を以て全集を公刊してからのこととする。今は天心で通っている。

○

岡倉家の祖先

父は勘右衛門

岡倉家の祖先は、戦国時代に北国に勢威を張った朝倉義景の一族で、初めは朝倉といっていたが、徳川氏の世になって、岡倉と改め、徳川家の親藩越前福井の松平家に仕え、相伝えて勘右衛門の時に至ったといっている。勘右衛門は初め覚右衛門と称し、更に金右衛門・喜右衛門・潜右衛門など幾たびか名を改めている。その折々の事情によったものと思われる。晩年には勘右衛門に復した。若い時に

福井藩主松平春嶽

は領内三国港（福井県坂井郡）の郡奉行の配下に在った事もあるが、最も計算に長じ特に珠算に勝れていたので、早くから才能が認められ、納戸役に出仕を命ぜられた。

安政六年（一八五九）、我が国は世界各国との交易の第一段階として、先ず横浜以下五港を開いた。その際に各雄藩はそれぞれ幕府の内旨を含んで、開港地に国産売込みの商店を開くことになった。紀州・会津・仙台の各藩も逸早くその挙に就いたが、越前藩も藩の製産局の支配下に横浜に商店を経営することになった。時の越前藩主は英明のきこえの高かった松平慶永（春嶽）であったが、すでにはやくから当代の先覚横井小楠を熊本から招いて宇内の大勢を聴いたり、また藩内からは抜群の卓見を抱持せる青年志士橋本左内（景岳）を抜いて世界各国の実情を究めさせたりしたほどで、夙に海外貿易の必要を知って、それを以て国策とすべき抱負をさえ懐いていた。されば横浜開港に当っては幕府のすすめを待つまでもなく、率先して売込店開始の計に出たものである。その商店経営の任に選ばれたのが即ち

勘右衛門が認められた士魂商才

勘右衛門であった。それも勘右衛門が士魂商才を認められたがためであって、この際この時、事に当るものは本来の商人気質(かたぎ)ではよろしくないといった橋本左内の献策から来たものといわれる。

横浜の売込店

店舗の所在地は本町五丁目で、今の本町一丁目に相当する。当時の事情上、表立って越前藩経営と公称することは出来なかったので、仮りに石川屋の名をもって屋号とした。横浜村名主総年寄石川屋徳右衛門の所有地を借りて店舗を建てたがためにそれから取ったものといわれる。表間口六間、奥行十五間、二階建の構えであった。勘右衛門は初めから経営の適材として国元から出役を命ぜられたものではあるが、それにしても商業は畑違いのことであるので、先ず以て越前藩横浜警備方陣屋普請出役(しゅつやく)というのを名義上の本務として、本町店勘定方は兼勤ということとし、商店の実際上の店務は半年ほどは物慣れた土地のものを雇入れてこれに当らしめ、勘右衛門は傍らから勘定監督ながらこれを見学し、翌七年三月に至って初めて手代となり、続いて名を金右衛門と改めて名実共に一店の支配者となったのである。金右衛門というのは店名前（たななまえ）であったと思われる。取扱商品は越前国産の生糸絹紬（きぬつむぎ）であって、外国商店へそれらのものの売込みを主としたものである。

○

母は濃畑氏　天心の同胞

勘右衛門はすでに横浜移住前に、国元で藤田氏、名はみせという女を娶って四女を挙げていたが、それは横浜には伴わなかった。国元の跡式（あとしき）は養子で立てるとあって手続までしたのであったが、間もなく妻女が歿したので、その方はそのままになってしまった。横浜に出て新たに迎えたのが第二回の妻女で、名はこの、濃畑（のばた）氏で、それが天心の母である。矢張り越前三国港のもので、奇縁あってこれを娶る（めとる）に至ったといわれる。天心は次男で、長男には港一郎というのがあったが、病弱で十六歳で夭折（ようせつ）した。三男は由三郎で、後年東京文理科大学教授となり英語学者として知られている。末は女でてふといった。長じて東京美術学校彫刻科教授の山田鬼斎の妻となったが、幾ほどもなく鬼斎が病歿したので、その後は未亡人生活に過ごした。天心の生れた時、父は四十三歳、母は三十歳であった。

天心の保母

何にしても国産の生糸類売込みというので、店頭は外人の出入も多く、生母も幼児の撫育に専念する余裕がなかったので、幼い天心の抱き守りのためには郷里から中年の女を招き寄せて当らせることになった。その女は、名はつねといって、橋本左内の身内のものであったが、左内が小塚原で処刑された時は、折よく江戸に在ったので、竊かに現場に到って懇ろに之を弔ったというほどに左内には傾倒しそれを誇りとしていた。それだけに幼少な天心の角蔵が薫育にも、見聞きのままに、この青年偉人の言動を絶えず話して聞かしたのであった。それが延いて後年の天心の思想や行動の上に大きく働いたことは当然であると考えずばなるまい。

お伽話に聞かされた景岳の言動

その上に横浜に生れて売込店に育ち、幼少から欧米人に接触もすれば、英語英文も日本語同様に語り、書き得たのであるから、世界の広きに身を処して外人の間に交わり、気軽るに自由に活躍して、意のままに言わんとするところ、為さんとするところを遂げ得たものとしなければならない。また幼少時の環境と薫育に負うところは極めて大きいとすべきである。天心もそれを知ってや知らずでや、後にまで、酒を置いて微醺（びくん）を帯びた時には、好んでこの景岳の小唄を口にもした。

燈火のもとは菜種なり

重ねていう、燈火のもとは菜種の油なり、蝶（ちょう）がこがれて会いにくる。

二　英語と漢学の学習

鎖国治下の外人観

封建治下、鎖国二百六十年、異人という言葉をもって欧米人を呼び、欧米人といえば、お伽話で知った鬼が島のものといった異様の怪物でもあるようにさえ思い込んでいたのが、大体においての江戸時代の常識でもあった。そうした時代に開港場という別天地に生れたのが天心である。その上に外人の出入さえ繁き売込店で幼時を過ごした。青年志士橋本左内の逸話逸事も寝物語に聞かされた。後年祖国愛護の雄大な見識を持して世界の広きに臨み、何のためらうところもなく平易に無雑作に列国の間に活躍し得たのも、こうした境涯に負う所としなくてはなるまい。

英語学習

当時横浜には英語読習の私学も幾つか出来たが、中にも居留地にあったヘボン Hepburn, James Curtis の語学校と伊勢山下の高島学校とが勝れたものであった。天心はその高島学校の教師のジョン＝バラー John Baller という米国人に就いて七歳頃から英語英文会話を初歩から習得した。日本文の学習に先だって英語を学んだものである。さればある日のこと、父に連れられて川崎大師の参詣に出かけ

漢字の知識なきを恥ず

たが、途上、東京府と神奈川県との境界に立てられた標示杭に接し、いずれも漢字で記載されてあるので一字も読めず、幼少の身ながら天心はこれを深く愧じて国語国文の学習を父に迫ったという。小さい時から気魄のあったことを知らねば

ならない。

生母急逝

天心の生母このは明治三年（一八七〇）天心が九歳の時に、末女てふを生んでの後の産褥熱から急逝したので、父の勘右衛門は翌四年（一八七一）に大野氏しづ子というのを迎えて第三回目の妻とした。大野氏は幕府の能の面作りの家で、本姓は出目と呼んだ。この時しづ子は三十五歳の端麗の婦人であったといわれる。何にしても岡倉家では三たびめの新家庭を構成するので、末女の幼児てふは神奈川県の農家に托したが、それと共に天心は一たび附近の大谷という家に預けられた。そこで、ある日の晩食の菜に芋汁が盛られたので、天心は大好物のこととて忽ち一椀を平らげて、更にお代りをと空になった椀を差し出すと、子供の分際でとろろのお代りは何事だと叱られたということが伝えられている。いずれにしてもその家での寄食も数ヵ月で、その後は更めて生母の葬儀を送った菩提寺である神奈川の長延寺というに移って住職の玄導和尚というに監督一切を托された。長延寺は西本願

漢学学習

寺の末寺で、それほどに大きな寺ではなかったが、玄導和尚は漢学に蘊蓄が深かったので、天心を預って、先ず『大学』から始めて、次を追うて『論語』『中庸』『孟子』と、漢学の常道を授けた。この間にも天心は神奈川から伊勢山下まで通い詰めて英語を学習することも怠らなかった。つまり神奈川時代は漢学と基礎英学とを平行して学習に勉め、両者ともに相当の学力を保ち得るに至ったもので、天心のためにむしろ多幸であったとしなければならない。

二　東京移住と大学入学

一　一家東京移住

廃藩置県

横浜店閉鎖

明治四年(一八七一)、王政復古の名の下に生れた明治の新政府によって、在来の封建制度は根本的に覆(くつがえ)されて廃藩置県ということになった。そのために越前福井の藩も藩士は中央政府に奉還して消滅に帰した。横浜においての石川屋もまた当然それと運命を共にしなくてはならない。開店以来ここに十五年、勘右衛門は慣れぬ仕事に身を委(ゆだ)ねて、興味も持ったが苦労も重ね、兎(と)も角(かく)も揺ぎなき一個の店舗と育てあげたのであったが、今は是非もなく、すべては運命の致すところと達観して清算を遂げ、当時に三万余円という返上金まで計上して店を閉じ、一家を引き連れて東京に移住した。天心も当然それに随って横浜を棄てた。

東京移住と旅館開業

東京に移って、勘右衛門は新たに地を日本橋蠣殻町に得て旅館を営むことになった。場所はもと鎧の渡しのあった所に新たに架せられた鎧橋の北詰で、越前家下屋敷の一隅である。いま八幡社のある附近といわれる。これも越前家から無償に近い好意で借地したものである。明治六年(一八七三)のこととする。当時は当然まだ米穀取引所も株式取引所も出来なかった前ではあったが、新東京の中心地として将来の殷賑を期待された所でもあり、旅館としては福井県から上京するものは殆んど例外なしに宿泊することともなったので、開店早々繁昌もするし、前途の幸福は何人にも予見されるところとなった。

当時の家族

一家としては、病弱の長男港一郎が移転後幾ばくもなく夭折したので、アトは勘右衛門夫妻の外には、天心と弟の由三郎、それに末妹のてふ子、その外に八十八と倉二郎という養子を加えて七人であった。八十八というのは神奈川在の農家の子で、横浜時代に丁稚に雇い入れたものであるが、実直で才能も勝れた所があるので、勘右衛門第一回の妻の子の仙に配して一家を立てしめようとして養子としたもの、また倉二郎は牧山という家のもので、これも横浜で店員をしていたのを才能を見込んでてふ子にめあわすために養子にしたのであった。共に東京に伴い来って、自分の子と同じように大学教育を受けさせたのであったが、八十八は大学二年の時に落第したので廃学させられ、倉二郎は過度の勉強から病を得て在学中に世を棄てた。いずれにしても天心がすべてにおいて余りにも勝れていたので、似通った年輩にあった青年は皆苦境に立ったものであろうことが知られる。旅館業の方は番頭に久兵衛というがあって一切はこれが当り、その外に男女の雇人は十余人ほどあったと伝えられる。

旅館名義は勘右衛門ではなく、岡倉由三郎であった。その外に国産の紬（つむぎ）類の販売も便宜取扱っていたもののようで、明治九年（一八七六）十月の『東京日日新聞』紙上には、

越前無類奉書紬取次所　岡倉覚蔵

覚蔵と改名

と公表したものが見られる。これによって、同時にまた明治七年（一八七四）までは角蔵であった天心がこの時には覚蔵と改められたことも知られる。これから三転して更に数年後において覚三となったものである。

二　東京大学入学

開成学校入学

岡倉家が東京移転後、天心は直（すぐ）に神田一ッ橋外にあった官立外国語学校に入学したが、翌八年（一八七五）の春には、神田錦町三丁目に新築開校された官立東京開成学校に移ってこれに入学した。幕府時代の蕃書調所（ばんしょちょうしょ）に濫觴（らんしょう）するもので、後の帝国大学から今の国立東京大学はこれから系統を保って変遷して来たものである。初めは各藩から貢進生を徴して入学せしめたものであったが、この頃は学力を検討して給費生を徴することに改められていた。天心はその給費生になったといわれる。

副総理は浜尾新

勿論当時の最高学府であって、総理には加藤弘之（ひろゆき）が任ぜられ、副総理には浜尾新（はまおあらた）があった。浜尾は早くも天心の才能の抜群なことに眼を注いで、後年まで特殊の面倒をかけて世話をしたものであるが、その因縁の初めはこの時にある。教師は殆んど全部外国人であって、講義も英語なれば答案も英文でなくては通じなかったことはいうまでもなく、その点において天心は幼少から特殊の修養のあるところ何の不自由もなく、一きわ勝れたものであったことは目立っていたといわれる。

同学

同学としては井上哲次郎や牧野伸顕もあったが、後年牧野は当時の天心を説いて、多情多感の理想的青年であったとし、美術に対する憧憬（あこがれ）も深く感情も鋭く、人と異なる激しい性格も持っていたといっている。その作文に内外各国婚姻風俗などいう普通のものの思い寄らぬものを書いて同窓を驚かしたのもこの頃のこととする。

明治十年（一八七七）四月、学制の改革あり、東京開成学校は東京医学校と合同して

東京大学へ転入

新たに東京大学と名を改め、内容を法学部・理学部・文学部及び医学部の四学部に分たれることになった。天心は即ち開成学校より自然東京大学に転入して文学部に入り、政治学・理財学を学ぶことになったが、後年のように各学科が整然と区劃されたものではなく、各科の間には自由な流通性があったので、天心も政治学・理財学を専修科として身を置いたものの、和文（後年の国文学）や漢文・英文と各学科に亘（わた）って相当自由に出入してこれが学修に勉めたもののようであった。特に中村正直の漢文教室とウィリアム＝ホートンの英文学教室には最も親しんで、その教授に接したといわれる。ホートンは英国人で中世紀の英文学に最も造詣（ぞうけい）深く、蘊蓄（うんちく）を傾けて講壇に立ったので、興味も多く、何人も随喜して敬聴したものだといわれている。

英文小説耽読

そうしたことが因をなして天心も夙（つと）に英米の小説類を耽読（たんどく）するまでに至ったが、ある時、天心が福富孝季と相携（あいたずさ）えて小川町の牛肉屋の二階に座を占めて英文小説を語りながら飯を食っていると、会々（たまたま）その隣席に高田早苗（さなえ）と坪内逍遙（高田は天心より二年後輩、坪内は更に後輩）とが来って同じように座を囲んで英文小説のことを語り始めたので、遂に興に乗って一座に合同し、高田が頻りにスコット Sir Walter Scott の「アイヴァンホー」Ivanhoe を語るのに対し、福富はデューマ Alexandre Dumas の「モンテ・クリスト」Comte de Monte-Cristo を説き、天心はこれに対してヴィクトル＝ユーゴー Victor Marie Hugo の「レ＝ミゼラブル」Les misérables を挙げて気焔を吐き、相語って興味多き数時間を過ごし、それが因をなして後年の親交を結ぶまでに至ったという。日本の学生の西洋小説を読み耽った初めでもあろう。当時の学生生活の一端も窺われる。井上哲次郎博士は、天心が当時最も好んで読んだのは、むしろ米国の小説で、天才的な小説家エドガー＝ポー Edgar Allan Poe の書いたものであると語ってもおられた。

開成学校が東京大学となって、まだ本郷台には移らぬ前ではあったが、寄宿舎なども完備したので、天心も蠣殻町の自宅からの通学を罷めて寄宿舎生活に入ったという。寄宿舎では学生相互の交遊も一層親密で、厳冬の頃などは、いずれも期せずして小使部屋の炉辺に集まり、それぞれ愛読の英米小説を語るやら、現在・将来に亘っての夢を説くやら、元気に溢れた日常を過ごしたものであった。

三　多情多恨の青年

早くも多情多恨といわれたのが天心である。大学在学中とあっても静かに克明に課程の学修だけに浸り得るには耐えられなかった。英米小説といっても一と筋にそれだけに読み耽るとすれば、おのずから単調も覚えよう。過渡期にあっての活きた社会の千種万様は、鋭く勁く、刻々に外から来ってその眼に映ずる。それを徒らに黙視して観過するには生動的な性格が允るさない。それと共に、天心には何事にもあれ倦み易く移り易いところもあった。一を得ればやがてこれを棄てて二を追わんとする。それも明敏活達に過ぎた天心の一面でもあった。

初めに天心の眼に映ったものは当代に全盛を謳われた文人画であった。それに携わる文人画家の一統は、いずれも上野公園に近い下谷の一域に集まり住んで一個の文芸村を形成し、当時の話題にも登っていた。中にも異彩を放ったのは、婦人の身ながら男装して男性的行動に終始し、絵も勝れておったが書も書けば詩も作る、すべてにおいて男子を圧倒して気虹の如く、当代の顕官木戸孝允をさえ屢々その廬に駕を枉げさせた一女豪であった。その名を奥原晴湖という。天心の眼から免れる訳はない。天心は択んでその門に入り、就いて文人画を習得した。作画の意気だけは解し得たであろう。

　早涼吹徹越羅裙　明月清秋酒半醺
　提レ劔雲煙楼上立　満天風露看ニ星文一

この七絶は天心が詠んで女史に贈ったものとする。十六歳の時の作として伝えられている。

文人詠嘆の漢詩

天心は文人画を習得すると共に、それに前後してまた漢詩を学んだ。漢詩は文人画と相並んで当時に全盛を謳われ、文人墨客（ぼっかく）として文人画家と同じように下谷に一区を成して居住しておった。独り岡本黄石だけが番町に住んでいたが、その他は大沼枕山（ちんざん）・小野湖山・鈴木松塘（しょうとう）などいずれも下谷に在り、中にも枕山は当代の巨材として名声一世に轟（とどろ）いていた。さりながら天心が就いたのはそれ等ではなかった。枕山と同じく梁川（やながわ）星巌の門から出たものではあるが香奩体（こうきようたい）という一体を樹（た）てて別個の旗幟（きし）をひるがえしておった森春濤（しゅんとう）であった。後年伊藤博文の詩友として知られた森槐南（かいなん）の父である。香奩体というのは美人詠嘆の一体で、枕山らの詩風とは全く異なったものであったが、天心がこれに就いたのは、その詩風に興味をもってのことか、また春濤がかつて福井に遊んで春嶽公の知遇を受けたことがあるというので、それに因（ちな）んでのことか、その辺のところまでは今は分らない。

枕山は三枚橋の辺に居を構えていたが、春濤は池の端に小西湖（しょうせいこ）詩酒社を結んでお

初めて酒を知る

った。屢々そこに会合して詩と共に酒に親しんだが、それが元来涓滴の量のなかった天心をして後年の酒豪にも至らしめたものといわれる。

名詩詠出

閨怨の詩などを作っては、大学で中村正直の『左伝』の講義中にそれを示して先生を驚かしたこともあったと伝えられる。それは千里遠千里遠という句などもあり名詩と知られたものだといわれるが、今は伝わらない。この当時の吟詠三十詩を自ら小冊子に浄書して『三匝堂詩草』と題名したものは今に遺されている。

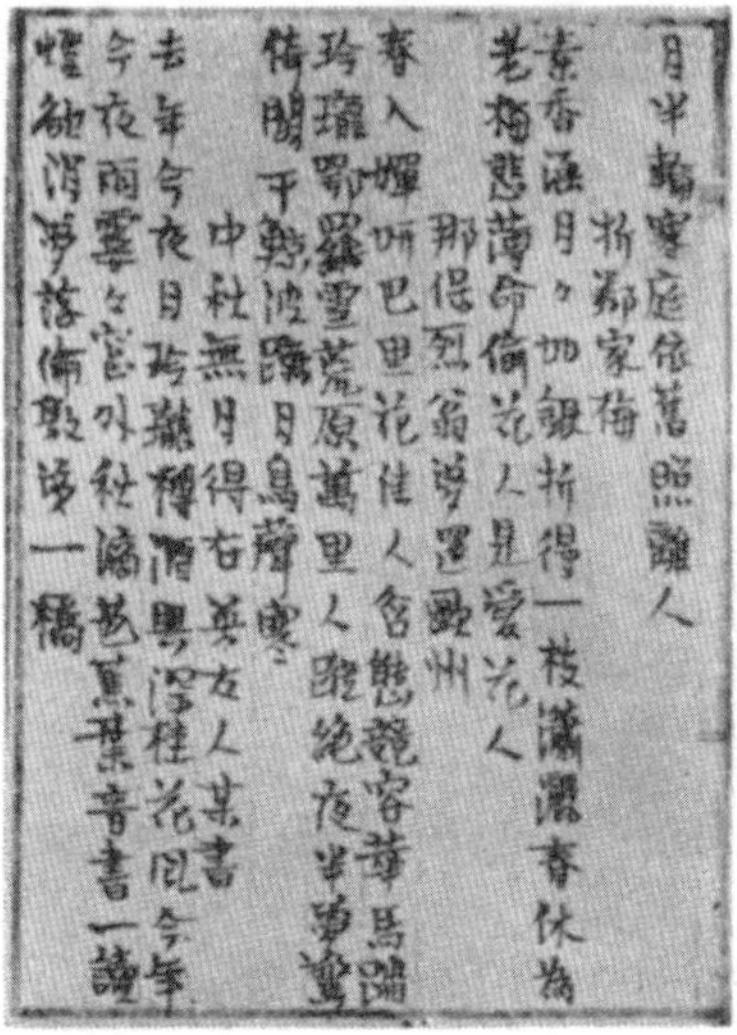
月半輪寒庭依舊照離人
折鄭家梅
素香涵月々加銀折得一枝滿瀾春休為
老梅悲薄命倫花人是愛花人
那得烈翁夢還歐州
春入娵師巴里花佳人含態競容華馬蹄
玲瓏鄂羅雪荒原萬里人跡絶夜半夢驚
猶聞干戈聲波躍月島聲寒
中秋無月得右英友人某書
去年今夜月玲瓏樽酒興浮桂花風今年
今夜雨霏々窓外秋濤芭蕉葉音書一謹
煙袖消涉落偏數涉一橋

草（一部）

天心の適くところ多様多端、人の意表に出たものが多いが、更に異数とすべきは加藤桜老に

琴曲俗得

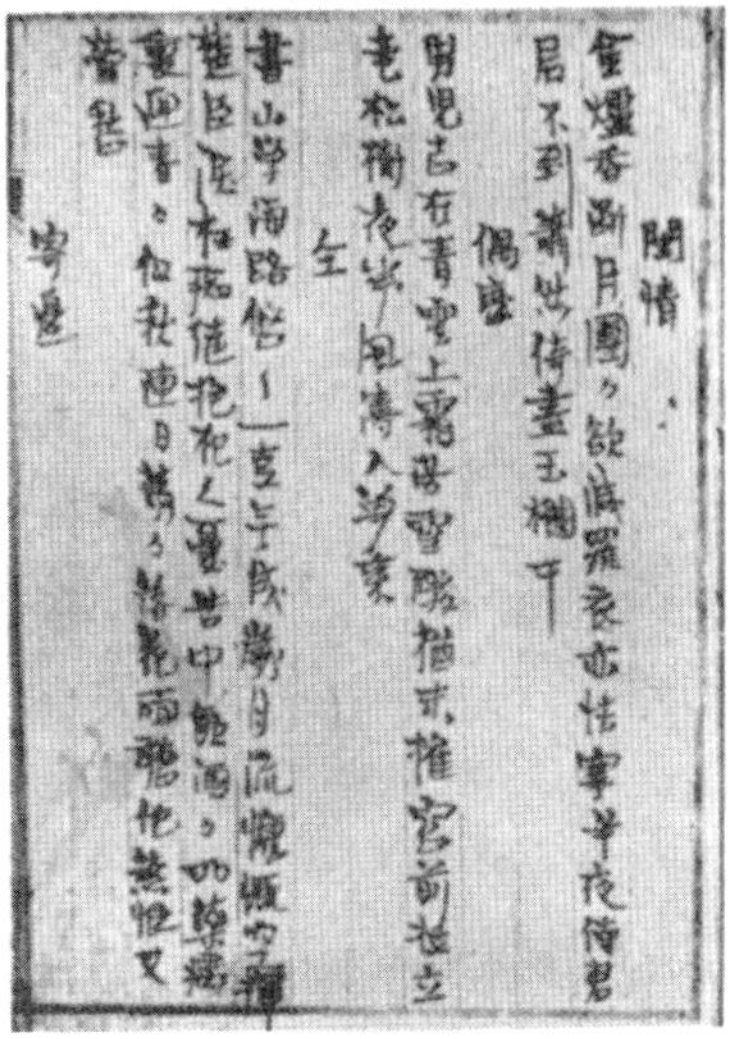

三匝堂詩

就いて琴曲を学んだことであろう。桜老は、旧常陸笠間（茨城県笠間市）の藩士で、幼時は水戸に遊んで会沢伯民に学び、幕末から維新に際しては国事に奔走した人であるが、漢学に造詣深く、かねて音楽に通じ、一国の治は詩に興り礼に立ち楽に成る、孔聖祀らざるべからず、礼楽廃すべからずとして、漢学と共に琴を教えたもの。天心はこれに就いて琴を習得した。当代の学生の多きが間においても、凡そ他と類を異にしたものではあったが、これも天心が後年に音楽方面の理解に勝れた行作に出た礎地をなしたものと見なければなるまい。

かようにして、多岐多端、凡そ一般学生とはその類を異にして各方面に亙っての学習を試みたが、畢竟（ひっきょう）するにそれ等は好む所に随って意のままに赴く所に赴いたとも解すべく、横ずきのいたずらと言うものがあれば、そうも言われ得るものであろう。然るに、ここにこれらの学習とは全くその撰を異にして、自分では想像もしていなかったことでありながら、それが延いて遂に終生を処する所にまで結果した大きなことが一つ出来た。

フェノロサとの接触

在学中にアーネスト＝フェノロサ Ernest F. Fenollosa という米国人が文学部教師として来任して、図らずもそれに接触することとなり、遂にそれが因をなして一生を美術方面に捧ぐることにもなれば、また晩生を米国に委ねるようにまでなったことがそれである。

来朝当時のフェノロサ

フェノロサは一八五二年にボストンの東北十六マイル、サレム市に生れ、ハーヴァード大学に学んだもの。文学部の教師として来朝したのは、明治十一年（一八七八）二十六歳の時で、天心は十七歳、卒業の前年であった。米国に在った時から東洋哲学、特に仏教に興味を持ったといわれるが、日本に来ては、上陸直後から清新優雅な風土習俗に限りなき好意を覚え、余暇ある毎には下谷附近の古道具屋の店頭に立っては、古書画・古什器を雑然と漁（あさ）って楽しみとしたもの、それも日を重ねるに随って興味も増せばおのずから鑑識も高まって研究心の発展ともなり、進んで先覚に古道に質（ただ）すことの必要も生ずれば、古典旧籍に拠るべきことも起り、そのためには身近く英語英文を克（よ）くするものの在るを便とするようになって、学生であった天心がその事に当ることとなり、対話の通弁もすれば古書の翻訳も托されるようになった。天心もまた知るに随っておのずから興味も加わり、進んで相携えては国粋美術の復興にも努め、今は埋れたる古道の発揮にも力を合わせ、遂に西洋文化謳歌の世の中に祖国文化の振興発展を期しての東京美術学校設立にまで至らしめたものである。奇（く）すしき因縁でもあり、奇すしき邂逅（かいこう）であったとすべきであろう。

四　結婚と大学卒業

天心はすべての点において早熟であり早成であったが、結婚生活に入ったのもまた当時としても極めて早かった。年は十八歳、大学の在学中、大岡捌(さば)きに知られた町奉行大岡越前守の傍系で大岡定雄といったものの娘でもとというが蠣殻町の家に手助けに来ておったのと相知り、相愛の間となったのを、父が認めて更(あらた)めて正式の結婚式を挙げて夫婦としたものである。もとはその時に十七歳、明治十二年（一八七九）のこととする。天心も身長五尺七寸という偉丈夫であったが、もとも晩年には十八貫の体重を持つ大(おお)女となったほどで、若い時から体格の勝れた女であった。されば早くもこの時から一対の立派な夫婦が出来たといわれたものだという。天心初めは「おもと」から取って「重戸」など書いて妻を呼んでおったが、中年以後は専ら基子で通すことになった。

大学卒業

結婚したのは明治十二年であるが、翌十三年（一八八〇）の七月には、十九歳をもって東京大学を卒業して文学士の称号を得た。初めての文学士でもあり、新知識を待望していた世の中でもあり、素晴らしいものとして仰がれたのはいうまでもない。同学は、後年の法学博士和田垣謙三を首席に、文学博士の井上哲次郎や千頭（ちかみ）清臣・木場貞長など八人であって、天心は尻から二番目の位置にあった。勝れた頭脳を持っていたのであるが、余りにも各方面に出入して学科に専念しなかったので、成績は良くなかったのであろう。

和田垣謙三と福富孝季

同学の間で最も親しかったのは和田垣謙三と福富孝季で、和田垣からは酒を学んで後年の豪酒となり、土佐の豪傑福富とはまた英文小説の上に意見を斗わしたものでもあったが、時には天下の大勢を論じ合ったものでもあった。幾（いくば）くならず福富は自決して亡くなった。

親友の死を弔う二詩

その時に天心は同窓と計って『臨淵言行録』を刊行したが、同時に二首の弔詩も詠じている。

弔福富孝季

一樹紅梅散碧苔　香魂寂莫幾時回
星月依稀寒水上　誰把長笛弔君来

又

幽明吹尺路相分　愧我斯生意負君
無限丹心何処訴　鐘声日暮動陰雲

卒業論文としては、初め英文をもって書いたのが『国家論』で、これは二ヵ月の日子を費し、参考資料も検討すれば、研究も重ね、一編の構成の上にも力を入れて書き上げたのであったが、折から妊娠中であった若き妻のもと子は、いささかの痴話喧嘩からヒステリー気分も嵩じて、その書き上がった『国家論』を採って散々に引きちぎり火中してしまった。天心はために拠なく更に筆を執って剰す二週間の短い間で匆々に英文を以て『美術論』を書きあげ、それを以て論文として提出した。卒業成績の良くなかったのも一つにはこれからした所もあるとしなくてはならない。それと共に一生を美術界に捧げるようになったのもまた此に原因する。世事万事多くはこうしたものであるとすれば、そう観てもよかろう。特に玄怪殺奇の道を踏んで一生を過ごした天心が出世間の際においてのこの一事件は、また一つの特殊の興味として観なければなるまい。

三　文部省出仕

一　先ず音楽掛勤務

新知識としての当時の文学士

明治十三年(一八八〇)七月九日、天心は東京大学を卒業し、文学士の称号を体して世に出た。十九歳ではあるが、今日の数え方をもってすれば十七歳何ヵ月という若さである。新しい世の中は新しい社会構成の上に必要な器として新知識を待望している。そのさ中へ新知識として乗り出したのである。得意の気分に立ちてあったであろうことは想像に余りある。最近の青年が学校を出ると同時に就職のためには血眼になって駈け廻わらなくてはならないのとは全く比較にはならない別世界であったのである。天心はそうした世に処して、引かれるままに文部省に地

文部省内音楽取調掛に入る

を得て音楽取調掛となり、月給四十五円を与えられる身となった。十月十八日附である。官員様として様づけにして呼ばれるほどに官員全盛の時代でもある。一円もあれば米の一俵も購い得た時代でもある。その際、その時において、四十五円の月俸を受けて官員となった。正に得意満面の境地であったであろう。すべては在学中から天心の才幹を異数として愛護しておった副総理浜尾新の推挙である。その浜尾も翌年には文部省に入って専門学務局長となった。

早くも得た浜尾新の愛護

文部省内に音楽取調掛の置かれたのは明治十二年(一八七九)の十月である。その時に有名なアメリカの音楽教育家ルーサー＝ホワイテン＝メーソン Luther Whiten Mason は聘せられて来朝し、官立音楽学校設立に就いて準備に当っていた。天心は室をこれに得て、その勝れた英語を利用してメーソンのために通訳に当り、また同じく御用掛の黒川真頼等の作に成るものの音譜調成にも当ったという。特にその勝れた英語と、機智縦横の才能とは、メーソン夫妻をして、公的にも私的に

メーソンとの交流

も処する所に支障なからしめ、異国に在るの寂寥をさえ覚えしめなかったとあって、極めて親しく私宅にも出入して特殊の交誼を結ぶにまで至らしめた。当時の小学校唱歌に知られた「高根に雪ぞつもりたる、麓に雪ぞかかりける」に始まる「富士山」の歌詞の如きは、メーソンが作詞して天心が訳したものといわれる。

元来、大学在学中から加藤桜老に就いて琴曲まで修得したほどに音楽には特別に関心を持ってのこととて、音楽掛に身を置いて一層その興味も高めたであろう。

薩摩琵琶の時代

当時は薩摩琵琶なども九州の果からもたらされて東京に入り、一時の全盛を極めた時でもあったが、中にも西幸吉はその道での能手とあって盛名を博したものであった。天心も喜んで之を聴いたものと思われて、その曲を頌した「聴薩摩西幸吉君弾琵琶」の七言古詩の長篇が今に伝えられている。

音楽上の一見識

後年東京美術学校長になってからの事であるが、文部省から音楽学校長兼任の内命を受けるや、名優市川団十郎を教頭に迎えることを理解されるならば任に就こうと答えて、道義教育に人となった文相の井上毅を瞠然たらしめたということさえある。もし天心をして長く音楽掛にあらしめて音楽教育の立案に携さわらしめたならば、この方面にも国粋音楽を取り入れての特殊の発展を為さしめたであろうと思われたが、それは遂に果し得なかった。周囲の事情は天心をして幾ほどもなく音楽掛を去って美術掛に移らしめた。これ蓋し音楽界の不幸であったか、美術界の幸福であったか、将たいずれが天心に幸福であったか、それは知るよしもないこととする。

二　美術掛に転勤

伊沢修二と相容れず

音楽教育設立の準備としては、天心より前にすでに伊沢修二が挙げられておった。天心の音楽掛在任中は、音楽教育調査として米国に派遣されて国外に在ったのであるが、それが明治十四年(一八八一)十月に帰朝して、音楽取調掛長として天心の上位に就いた。その時会々大学副総理だった浜尾新は文部省に入って専門学務局長の任に就いたので、十一月四日をもって浜尾は天心を同局内記課勤務に移して音楽取調掛を兼務とした。伊沢との間を円滑に処置せらるべきやを顧慮しての事と見られる。伊沢は海外からの帰朝直後から、すべてにおいて純西洋主義をもって臨み、加えてその性格偏狭にして人を容れるの余裕なく、厳格を旨として寛容に欠けた態度は、多分に天才的であって、奔放な性情の天心とは相合うべき筈もなく、やがて音楽取調掛を免ぜられて内記課勤務となり、主として美術の事に携わるに至ったものとする。来るべきところに来らしめたものとしよう。

認められた美術方面の知識

天心はすでに在学中において、英語に堪能であったところからフェノロサに接触し、請われるままに美術方面の言説の通訳にも当り、画人関係の古書典籍の翻訳にも勉めた。接するところ、おのずからその方面の知識を得るに至った所以でもある。咄嗟に執筆の卒業論文にも美術論を書くほどにもなった。それが卒業してから後になってもなおフェノロサは天心に憑るを便宜としたために、両者の間の在来の関係はそのままに続くに至ったのである。続けば続くほどに、科学的の基礎に発程するフェノロサが日本画の観方乃至(ないし)西洋画の解釈において、おのずから利するところも少なくはない。知るところ多きを加えるに随って愛好ともなり執着とも進む亦当然の帰趨(きすう)でもあろう。その時に際しての内記課勤務として美術のことに専念し得ることになったのである。また天心のために幸いとしなくてはならない。

フェノロサの講演

明治十五年(一八八二)五月、フェノロサは、佐野常民や河瀬秀治など当時の上流階級の有識同好の間に結ばれた竜池会の招請に応じ、上野公園内の教育博物館において講演を試みて美術に関する感想を発表した。大体はヘーゲルの哲学に基づいての所論であるが、堂々数千言、先ず日本画と洋画の比較から発程して、油絵は写真と等しく実物を写すことに重点を置いて妙想を忘ると卻(しりぞ)け、油絵は陰影を表わすに苦労するも陰影必ずしも絵に必要なるものにあらずと論じ、色彩に豊富なるのは油絵の誇りとするものであるが、これも日本画の淡泊に及ばずとし、油絵は繁雑なるも日本画は簡潔にして妙想に長ありと挙げ、妙想発揮を忘れて美術なしとして日本画の優秀を高調して一段の論拠を結び、進んでは、近時日本人はこの固有の優秀な絵画あるを忘れて何が故に徒らに油絵に走るやと痛棒を加え、もしこの固有の優秀の美術を消滅せしめずしてこれを振興するならば、日本人は爾後数年を待たずして世界万国において美術の冠冕たるを得べしと結論している。全文は大森惟中邦訳として『美術真説』の名をもって公刊し後に伝えられているが、疑うらくは天心の関係していたであろうことは推想するに余りある。文体も極めて天心と相似たものがある。この頃のフェノロサの演説は殆んど例外なく天心の通訳したものであったとは、河瀬秀治の回想談にも記されている。

明治の初年、文明開化の四字に全社会は覆われて西洋文化謳歌の声の漲った時に較べれば、この頃は反動気勢の高まり来った時ではあるが、それにしてもなお欧米人といえば知識の勝れた優秀の人種と思い込んでいたのが当世であった。その時に際して大学の教師である米人の学者からこの声を聞いたのである。影響する所の少なくなかったろうことは今日の想像以上にあったであろう。天心も素よりー種の感動をもってこれを受けたであろうと思われる。天心は明治十五年（一八八二）の八月から十二月に亘る五ヵ月を通じて、『東洋学芸雑誌』の誌上を藉りて、「書は美術ならずの論を読む」と題し、長文を掲げて洋画家小山正太郎の所論を痛撃している。またフェノロサと所を異にして、同じように日本美術のために気を吐いたものと見なければならない。

小山正太郎の所論反駁

九鬼隆一に知らる

超えて九月には、文部少輔九鬼隆一の学事視察に随行して京畿地方に出張した。同地の古社寺所蔵の古書画彫刻等の点検である。フェノロサらを初めとして官民先覚の間に澎湃として抬頭した国粋美術尊重の声が遂に官辺を動かして文部の高官の足を挙げしめた第一着歩である。それと共に天心が九鬼と結ぶに至った機縁でもある。これに前後して、日本の美術振興に力を与うべく、巨大の富を擁せる米国の富豪ビゲロー Bigelow も来朝した。フェノロサや天心が事をなさんがためには資を惜しまず供給にも当った。いずれは天心が身辺への福音到来としなければならぬ。

ビゲロー来朝

竜池会

竜池会は、これより先き明治十年に開かれた第一回内国勧業博覧会に事務局長を勤めた河瀬秀治が、家際の局に当って、国利民福のために美術工芸の研究奨励を図らねばならないという見地から、同志を糾合して毎月一回の会合を企てたことに出発したものであって、不忍池(しのばず)弁天堂の竜池院を会場とした所から竜池会と名づけた。第一回の会合は明治十一年であったが、翌年からは海外においての日本美術の好評を体見した佐野常民を推して会長となし、その後、歳を重ねて益々発展を遂げて重要の位置を確保するに至り、その名も日本美術協会と改めて有栖川宮を総裁に戴くほどになったが、これと共に形式尊重の守旧派団体と化するにも至った。

四　新美術の黎明

一　すべては天心に好転

明治初年の異状現象

　維新以後、明治の初年を通じて、一わたり極度の流行を見たものが文人画であった。在来凡そ儀礼典章の世界に縁故のなかった田舎出の野武士が、一朝の風雲に乗じて台閣の高官ともなり、せめてもの身嗜みにと、漢籍の基礎知識から乗り出したことからの一時的現象とも観る。長く続き得べきではない。それと又時を同じうして洋風美術の油絵の愛玩もなったが、これとても勢に乗じて沛然として注ぎ来った欧米文明を善悪無差別に把握しようとした所から来た所もある。急速に解け込み得べきではない。幾くならず停頓して、再起を後日に待つことになったのもまた当然の帰趨である。これら一代の潮流に交って、一時は殆んど一世を席捲する勢まで作ったものに、また古美術の排斥破壊を競った暴風の到ったことも挙げなくてはなるまい。しかしながらこれも驚天動地の社会変革の副産物であり余震でもある。時の経過と共に勢の落つくに随って平静に帰るのも自然の数とする。痛惜ともなり悔悛ともなる。時勢の転換は遅くはなかった。恰も好し、その時において、何となしに高級人種のように感じておった外国人から、声を大にして日本美術の優秀を説いて西洋美術を斥けるのを聞いた。耳をそばだてざるを得ない。特にこれを説くものは学問見識の勝れたものとして敬意を致していた大学の御雇教師である。人心は翕然としてそれに傾いた。天心が時代の新知識として世に出で、席を文部省に得たのはその時である。美術方面のことに携わるに至ったのは更に恵まれた運命の到着ともする。

好季に迎えられた天心

時勢に幸いされて文部省に入り美術に携わる。内にしては忽ちにして上長官の好意ある理解も収め得た。外にしては美術振興のために資すべく巨額の資財を懐(ふところ)にした豪富ビゲローの来朝もあった。すべては天心が幸福のために開かれた天地の観であったとすべきであろう。明治十五年(一八八二)から十七年(一八八四)に亘り二回三回と九鬼少輔に随行して京畿方面古社寺歴訪の出張調査にも当った。フェノロサやビゲローと共にしての旅にも出た。回を重ねて眼も開く、道にも通ずる。古美術の淵叢たる京都から奈良方面の古美術調査のためには、天心を伴わない限りすべてに亘って便宜も得られねば成果を収めることも有り得ないというほどにまで進んだものである。

頻繁な京畿出張

夢殿観音の初開扉

命を請けてフェノロサとビゲローに同伴して京畿に出張し、法隆寺に到って千古の秘堂を開き、初めて夢殿観音の御姿を拝したのは明治十七年(一八八四)五月のことである。天心はその時のことを手控の中に次のように記している。

法隆寺の夢殿観音、有名なる仏像なり。古来秘仏として人に示さず。余明治十七年頃フエノロサ及び加納銕斎と共に、寺僧に面して其の開扉を請ふ。寺僧の曰く、「之を開かば必ずや雷鳴あるべし。明治初年、神仏分離の論喧しかりし時、一度之を開きしが、忽ちにして一天掻き曇りて雷鳴轟きたれば、衆大に怖れ、事半にして罷めり。前例斯くの如く顕著なり」とて容易に聴き容れざりしが、雷の事は我等之を引受くべしとて堂扉を開き始めしかば、寺僧皆怖れて遁れ去る。開けば則ち千年の欝気芬々鼻を撲ち殆ど堪ふべからず。蛛糸を掃ひて漸く見れば、前に東山時代と覚しき几案あり、之を除けば直ちに尊像に触るゝを得べし。仏高さ七八尺計り、布片・経切等を以て幾重となく包まる、人気に驚きてや、蛇鼠不意に現はれ見る者をして愕然たらしむ。軈て近よりてその布片を去れば白紙あり、先年開扉の際雷鳴に驚きて中止したるはこのあたりなるべし。白紙の影に端厳の御像仰がる。実に一生の最快事なり。幸ひに雷鳴を聞かざりしを以て、寺僧また頗る安心せしならん。此像足利の中頃までは秘仏ならざりしにや、『七大寺順礼記』上宮王院の条には、等身俗形にして左手宝珠を持ち、右手を伏せて宝珠の上を覆ふと、詳かに其の形相を載せたり。秘仏なりし故か、彩色判然見るべく、光背に描ける焔の如き殊に鮮明なり。顔容は上頬高く下頬落つ、是れ推古時代仏像通有の様式にして、頭部・四肢大に、身辺の溝の筋深し、法隆寺の諸像皆然り。而して大体は木造なれども、手の如き或る部分は乾漆を用ひたり。乾漆とは、木屑・布等を心として、漆を以て固めたるを云ふ。此秘仏の内部は鼠族の為めに頗る傷損せられたり。……（下略）

（日本美術史講本原稿）

フェノロサが絵画共進会において豪快熱狂の画家狩野芳崖を発見したのもまたこの歳の春のことである。それが動機をなして、やがて新時代においての新日本画を達成するがための研究批判の機関としての鑑画会の結成を観るに至り、更にそれによって天心と芳崖をして固くその手を握るにも至らしめた。時代の好転はこうした事態の下に彼此相寄り相扶けて迅速に有利に進展し、遂に純日本美術教養の府として東京美術学校の設立に結ばしめたものである。

二　狩野芳崖との接触

芳崖は長州藩のお抱絵師

狩野芳崖は長州豊浦藩主毛利家のお抱絵師の家に生れたもので、本姓は諸葛、幼名は幸太郎、後松隣と号したが、十九歳、江戸に出て木挽町の狩野画所に入り、勝川雅信に就いて学び、芳崖の号を与えられて、爾後それをもって名とした。入門の日は会々橋本雅邦と同じであったといわれる。

芳崖の豪毅活達

天性豪毅活達、幾くならず技も進んだが、祖法の内に跼蹐するを快とせず、恣に我意を振って破門の厄に直面したことも何回かあったが、それでもその度毎に、取なす人もあり、又大器を認められて黙過されることにもなったといわれる。その間、会々幕末の風雲急にして長州の空を蔽うに至ったので、意を決して一たび国に帰り、時勢一転後、明治十年に再び東京に出て絵筆を執ったが認められず、陋巷に窮迫して纔に口を糊しておったのを、雅邦の友情に救われて、島津家の献上画「犬追物」の絵巻を描き、それによって暫くの間は米塩の資を得たこともある。

芳崖、フェノロサに認められる

折から明治十七年(一八八四)の春、第二回絵画共進会の開会を機とし、「桜花勇駒図」及び「雪景山水」

の二点を描いて出品したが、それも認められず、一等の金印賞はいうまでもなく、二等の銀印賞には十三人まで挙げられたもののそれにも入らず、僅に褒状を授けられたに過ぎなかったのを、フェノロサは往観してこれに眼を注ぎ、感嘆措かず、野に遺賢ありとして進んでこれを採り、更に芝公園に近い陋屋に芳崖を訪ねるまでに至った。然るに芳崖はその来訪に接しても、外人なるが故に「毛唐人に用はない」といって取合わず、会うことを肯んじなかったのを、更めて狩野友信の手紙を請い受けて再び訪ねて漸く接し得たという。この時の同行通訳の任に当ったものは天心であったろうこともまた等しく肯定される所である。

鑑画会の設置

兎も角も、フェノロサが芳崖を得たことは、フェノロサの幸福であったが、それと同じく芳崖もここに初めて我が意を伸べるべき端を啓いたものであって、芳崖の幸福でもあったのである。かくてフェノロサは河瀬秀治やビゲローや更に天心らと謀って、竜池会に対しての鑑画会の結成とまでなったもので、毎月、日を定めて開会、芳崖を初め同好の作家に各自前回に授けた課題に応じての作品を描いて持ち寄らしめ、相互に品評・批判・研究を重ね、最後にフェノロサはこれらに対して別個の立場からする綜合批評と試み、希望と感想を述べて激励し、以て斯道の開発を遂げようということにしたものである。第一回は明治十八年(一八八五)の一月二十八日で、神田神保町の神保園が会場であった。

芳崖の活動

然るに会を重ねるに従って益々熱意を加え来ったものは寧ろ芳崖であった。内閣総理大臣の伊藤博文は旧知の間であったのでこれを捉え来って強引に会に臨ましめたこともあった。その代表作といわれる「柳下放牧」「仁王捉鬼」「不動明王」「鷲」などはいずれもその会の開会を機会として、次々に描かれたものである。

天心と芳崖の提携

天心と芳崖もまた日を重ね時を経るに従って愈々意気の投合を感ずるものあり、機会ある毎に自宅に来往することともなり、夜を徹して酒も飲めば気も吐く、その間、互に得る所も益々多く、遂に切実なる結合ともなった。天心が東洋美術における基礎知識や、絵画史上の見解の根底やにおいてもまた利するところの少なくなかったことも窺い知らねばならない。横山大観が天心を語る時に、天心が最も多く教えられたものは芳崖であり、芳崖が最も広く教えられたもの亦天心であると言っていたが、言い得たものとしてよかろう。

天心天台宗に帰依

天心がフェノロサやビゲローと共に、天台宗の耆宿江州園城寺法明院の敬徳阿闍梨に就いて天台の教理を聴いたのもこの頃である。三帰戒を受けてフェノロサは諦信、天心は雪信の戒号を授けられた。同じく聖道門にありながら、天台宗は独り公卿天台といわれるほどに教学に立脚し、高い品位を持して臨むところ、最も天心等が適かんとする所に相通ずるものであったと思われる。東京においても講学の道場としてビゲローが資を投じて小石川原町に一宇の建立を企てたが、それは落成を前にして阿闍梨が遷化したので、竣工した道場はそのまま移して東京美術学校に寄附した。今も東京芸術大学美術部構内に存立する日本建築の集会所が即ちそれである。

◎

芳崖が雅邦の推挙で島津家の犬追物（いぬおうもの）を描き、窮乏を救われたことは伝わっているが、細かいことは知られていない。犬追物は鎌倉時代からの武技で、犬を埒内（らちない）に放ち、武士が馬に乗って之を追い、射とめる行事（ぎょうじ）である。島津家に伝わっているのを、明治十二年（一八七九）明治天皇の島津家行幸の時に御覧に入れた。それを芳崖に描かしめたもので、芳崖は供奉（ぐぶ）の諸官から参列の高官の面相・姿態をすべて寸余の小体に克明に絵巻物に描き上げ、三年かかって大成した。それを島津家から皇室に献上したものである。

五　東京美術学校の設立

一　東洋美術振興の気運

自己反省

　時勢は好転した。有識の士の間には自己反省の気分が強くよみがえった。己れの持つものの尊さ、美しさを初めて認識するに至った。今は施設の局に当るものからの動きの出る力を待つばかりの時となった。その際において表（おもて）に現われたものは、明治十七年（一八八四）七月に文部省に図画教育調査会の設けられたことであり、多数の国粋主義者をもって委員の任命されたことである。決定すべきことは、小学校の図画教育に毛筆画を挙ぐべきか鉛筆画を採るべきかであったが、委員に挙げられたものは、フェノロサ・天心・小山正太郎及び今泉雄作の四人で、委員長

図画教育委員会

は高嶺秀夫であった。小山正太郎一人の洋画家を除いて他はいずれも日本画主張の当時の国粋派である。連日激論が闘わされたというが、帰着する所は初めから明らかにされたところである。当局をして図画教育のために挙げしめた第一鞭（べん）である。

狩野芳崖の動き

そうした際において、一方に鑑画会の結成があって熱狂の豪傑狩野芳崖を動力を持つ線上に載せたことはまた時勢の動きに極めて大きな力を加えしめたものであった。強引に伊藤博文を連れ出して鑑画会に臨席せしめたこともその一つであるが、更に進んで官邸に首相を訪ね、熱誠を傾けて皇国美術の他に勝れた特長と優秀さを持つことを力説し、これが保護と発揮に努めることは、独立国家としての当然の国の務めであることを演（の）べて滔々（とうとう）幾千言、舌頭火を吹き風を作り、首相に中坐の寸隙を与えず、長時に亘って傾聴を余義なくせしめたという逸話まで伝わっている。

東京美術学校設立準備

これらのことが直ちに事務の進展の上に有利に働いたか否かは知るべき限りではないが、いずれにしても事は順調に進んで、十八年(一八八五)の十一月には「図画教育調査会の決議に基き」と註して、文部省内に図画取調掛が設けられ、フェノロサ・天心・芳崖及び狩野友信が委員を命ぜられることになった。それも僅かに一ヵ月有余を経て、十九年(一八八六)一月に総務局下に移って事務所も小石川植物園内に移され、天心は掛主任となった。東京美術学校創設準備が重要なる事務内容であった。この間、天心は十八年(一八八五)十二月をもって、改めて文部下等属の任を受けて大臣官房詰となり、十九年(一八八六)三月一日更に文部属に挙げられた。官吏としての出来得るだけの速急進級である。四月及び七月には、また大阪府・奈良県及び京都・大阪・滋賀・和歌山等、各府県の巡視調査を命ぜられた。いずれも欧州出張を前にして、日本の重要なる美術県を点検して準備資料とするの必要からのことである。而して十九年(一八八六)九月十一日、ヨーロッパ各国に出張を命ずという辞令交付を受けた。天心にあっては極めて勇躍の秋（とき）であったであろう。

二　欧米各国巡視

欧米巡視出発

明治十九年（一八八六）九月十一日、天心はフェノロサと共に美術取調委員として、九ヵ月間欧米各国への出張を命ぜられた。この頃、フェノロサはすでに東京大学を離れて文部省及び宮内省の雇という名にあった。また、浜尾専門学務局長は、これより先、すでに学事視察のために欧州に派遣を命ぜられて外国に立ったので、一行はドイツ、ベルリンにおいてこれと会合すべきことが、出発に先だって予（あらかじ）め命ぜられたところでもあった。この時は政府においても、すでに我が国においての美術教育の学府としては、本邦美術の正しい伝統に基礎してこれを教育する学校の設立を決定したので、この時の出張はそれに関する参考として各国の美術教育乃至美術情勢を視察するためであった。かくて天心らは十月横浜を出発してその途に上った。時の文部大臣は森有礼(ありのり)である。当時ビゲローは帰国して米国に在ったが、欧州に出て一行に加わり自費を以て行動を共にすることになった。

イタリアの絵画に注視

ヨーロッパに渡っては、予定の通り、フランスからイタリア・イスパニア・ドイツ・オーストリア・イギリスと順次巡遊、その間、唯纔(わずか)にイタリア十五世紀の絵画に対してだけは一応の讃嘆の語を捧げたが、その他は概して関心を有(も)たず、

一般の欧州美術を排斥

パリに往ってルーヴルを往観した時も、到る前には、我が美術教育の参考資料を求めようとして特殊の注意をもって臨んだのであったが、時間の余裕も少なくして得るところなく、要するに欧州の現代美術は「空しく写生の奴」となっているに過ぎずと観じ、西洋各国いずれも、図案学校においては、日本の絵手本を用いるものさえ少なからず、美術を日本に問わんとする気運の動きを観るほどであるから、この際この時、我が国としては国利民福を図(はか)る上からも、固有美術の神采(しんさい)発揮に努めねばならぬという結論に到着したものであった。

天心の日本服

されば天心自らの服装の如きも、国を出る際には、新調の洋服を身に着けて発途したものであったが、彼の地に渡っては、三ッ葉かたばみ五所紋の羽織に袴着用という純和服の正装をもって押し通した。これも欧州の地を踏んで寧ろ国粋主義の信念を強くした結果の表われと観てよかろう。

米国にて九鬼と会合

欧州一巡の帰途は米国に立寄ったが、明治十七年以来、米国には九鬼隆一が全権大使として駐留しておったので、天心は直ちに訪ねて敬意を表した。然るに元来対外儀礼に関心の深かった九鬼は、天心の和装を観て不満を感じたものの如く、痛烈な訓戒を加えたといわれる。帰途は、折から妊娠中であった夫人初子を托されて船を同じうして帰国したが、これは後日、天心がために各様の話題を課せられた忌まわしいこととなった。

東京帰着

東京帰着は二十年の十月十一日で、その時には英国仕立の瀟洒な背広服を着し、新橋駅まで出迎えの九歳の愛嬢高麗子を膝にして文部省差し廻しの二頭立の無蓋馬車に乗り、駿河台通りを廻ってその頃の住宅神田猿楽町の居に入ったという。得意満面の時であったことが想像される。

東京美術学校設置の発令

東京美術学校設置の勅令は、一行の帰朝を待たず、十月四日に公布された。十四日には、専門学務局長浜尾新が学校長事務取扱、天心は幹事を命ぜられて奏任官四等となり、在来の図画取調掛員狩野芳崖と狩野友信らはそのまま美術学校の事務鞅掌となり、事務所も小石川植物園の使用をそのまま継続するということにきまった。この上は開校に歩を進めるばかりとなったのである。

帰国後の第一声

外遊によって得た感想の発表は、十一月六日に鑑画会においてフェノロサと共に行われたが、ヨーロッパにヨーロッパなしということが各国巡遊から得た感懐の一つの眼目であって、それから語を起し、イタリア十五世紀の美術に言及してそれをもって欧州美術の頂点となし、意匠の高尚、法格の淳雅、唐宋の名家に比すべきあるも、畢竟は過去の栄華の迹なり、近代の画家は写生の奴にあらずんば画法の番卒たるのみとして、日本の現情またははなはだこれに似たるありとし、発奮努力、時勢と共に移って新時代に添うての新画樹立を必要とすると警告したものであった。美術教育の衝に立たんとするに当っての第一声である。

三　東京美術学校の開校と摂理

前者と異なった方針の下に新美術学校の開校

先に明治九年(一八七六)十一月、政府は工部大学附属の形式をもって美術学校を開き、イタリアから教師を聘して純洋風の絵画・彫刻の学習の所としたが、それは開校して六年に充たず、明治十六年(一八八三)一月をもって廃止して門を閉じた。それがまたそれから僅かに三年ほどを過ごしたのに過ぎないばかりで、同じ政府の手によって純日本美術教養の学府として東京美術学校を起すことになったのである。朝三暮四の行作としなければなるまい。しかしながら、それもこれも一般時勢の大きな転換から来たところであるとすれば、そうも言われ得るが、その勢を作らしめた上には、フェノロサや芳崖、それに天心の力の大きく働いたことは認めなければならない。それにしても、フェノロサは遂に外国人であり、芳崖は画人である。特に開校を待たず病歿したが、健在にして終始したとしてもおのずから動くところは異ならざるを得なかったであろう。

純国粋美術教習の学校

かようにして観来(みきた)れば、純国粋美術教育の府としての我が東京美術学校の設立から開校は、すべて天心一人の熱誠を傾けての奮闘の結実であるとしても大きな誤りではなかろう。事実設立決定以後、開校を前にしての一切万事の準備立案、教育方針の具体的研究から教師の選定、教案検討、皆その脳裡から捻出(ねんしゅつ)したものであって、凡そ当時において滔々(とうとう)たる幾多の学校という学校とその選を異にしたものが出来上がったのである。天心そのもののすがたの浮き出たものとすれば、そう解すべきでもあろう。

美術学校の敷地

学校の敷地としては、外遊中ローマ市において美術関係の設備が概(おおむ)ね形勝の地に在ることを観て感ずる所あったのに出発して、まず目標を上野公園に置いて物色した。検討の結果は、寛永寺三十坊の一であった等覚院と覚成院の在った迹(あと)の、その後整理されて教育博物館が建てられた場所を適当と認め、これを湯島聖堂の跡に移らしめて、直ちにその迹に建築の工事を起し、二十一年(一八八八)工を竣(お)え、二十二年(一八八九)二月開校に至らしめた。またもって疾風迅雷(しっぷうじんらい)の処置としなければならない。

課程内容

学校の課程は初めの程は絵画(日本画)・彫刻(木彫)及び図案の三科とした。修業年限は五ヵ年、初めの三ヵ年を普通科として全員共同に学習し、これを終えて専攻(せんこう)科に進み、初めて各々好むところに随って専攻に就く。教師は逸早(いち)く教授に任ぜられた芳崖が開校を待たずして病歿したので、開校の時には橋本雅邦が筆頭教授の座に着いた。その他は概ね初め雇(やとい)の名をもって挙げられ、ある時期を経て教授となり、又は講師として続いたもので、日本画では、狩野友信・結城(ゆうき)正明、それに

採用した教職員

破天荒の選定

川端玉章もあったが、金彫で加納夏雄、木彫で竹内久一、続いて高村光雲や石川光明等も挙げられた。それにしても日本画家はこの時を待たず、江戸時代においてもすでに一応の敬意を払って遇せられたもの、特に幕府の絵所狩野家の一門の如きは、堂々として小大名を凌ぐ格式と威勢を持して世に臨んだものであり、先生の名に呼ばれても必ずしも不思議ではなかったが、木彫に従うものなどに至っては、市井の間に伍して工場を開き、永い間職人として過ごし来ったもの、今俄に迎えられて専門学校の先生となったことは、自らも夢と疑ったであろう、世も挙げて目をそばだたせたものであった。学科の教師としてはフェノロサもあったが、他に唯一人ながら当代の耆宿と推された黒川真頼を得たことは、初めから学校を重からしめたものであった。

　教室もまた実技教授の道場としての設備であるだけに、普通一般の学校教室とは凡そ類を異にし、畳敷もあれば板間もあり土間もあり、そこに大火鉢も置けば

異様の制服決定

火も盛る、溶液も煮沸すれば金属も焼く、当然とすれば当然のことながら、人を驚かしめたものであった。教師・学生の制服も様式を奈良朝の朝服に採って制定したもので、頭に冠帽を戴き、身に闕掖の袍を着けしめたもの、教職員は地質にエビ色の綾ラシャを用いしめたが、学生はすべて黒ラシャを地として、これと差別あらしめた。観来れば奇想天外ともすべく、人をして我が世を疑わしめたほどであった。されば教職員の二・三の如きは、この服を身にして街頭を往くに耐えずとなし、制服は学校附近の知人の家に托し置き、登校と退校の際に、ここに立寄って平服と着換えるのを常としたものもあ

東京美術学校長時代馬上小照

天心の制服姿

った。唯天心ばかりは、この服を身に装うて足にはあざらしの靴を穿ち、やがて愛馬若草を得て後はこれに騎上して、登校もすれば街頭も疾駆する。正に得意満面であったといわれる。一奇観としなければならない。

奇抜な年中行事の数々

開校後は、また年一年と歳を重ねるに随って、普通に絶した行事もかずかず行われるようになったが、中にも正月元日は教職員から学生まで一同相集って斗樽の鏡を開いて大盃を挙げ、順を追うて飲み廻わし、以て聖代を寿いだこと、また春に秋に学生一同の遠足行進を附近の青山緑野に試み、一夜を夜営に過ごさせながら、深更一同の蹶起を促し、冴え亘る月の光を浴びて大講演を遂げたなどいうことも、また正に天心にして初めて為し得べき破天荒のこととしなければならない。偏に理想を傾けて天才教育に臨んだものとすべきである。

六　八面六臂の活躍

美術界挙げて天心の世界

美術学校幹事

明治二十二年（一八八九）の春二月、東京美術学校は滞りなく開校に至った。天心は幹事の名をもって臨んだが、それは年齢は二十八歳の若さであり、官吏就任以来の経歴も浅く、名において全権者たる位置には就き得なかったためであって、事実においては初めから全権者たる地に坐したのである。学校長心得としては浜尾専門学務局長が命ぜられたが、これは最大なる天心の庇護者であり推薦者であり理解者である。仮りに校長の席に坐して天心の資格の到来を待つばかりであった。校内では、首席教授に橋本雅邦あり、蔚然たる画壇の大家として知られてはあったが、それも半は天心の力によって築き上げられたもの。御雇の名をもって学科教授に当ったものにフェノロサあり、表には一応の敬意は表しておったものの、これも学校運営には圏外の人たるに過ぎない。かくて東京美術学校は社会全部環視の裡に待望に包まれて生れ出たものであったが、その実においては天心個人のものと相択ばないほどの状態にあったのである。天心のためには極めて大なる根拠地といわねばならぬ。天心はこれを本拠とし中心としてその身を置き、手を宮内省に延ばしては帝国博物館を掌中に収め、農商務省においては博覧会の文化部に力を延ばし、一般美術界に臨んでは、文人画・南画はすでに落莫に傾いた時でもあり、古美術・新美術共に挙げて天心の庇蔭と指導とを仰がんとするに至った。圏外にあったものは洋画のみであったが、これは未だ力をなすに至らなかった。かくて世は一朝にして美術全盛を謳われる世となり、天心の世となったものである。

先ずその手を宮内省に染めるに因をなしたものは、九鬼隆一が米国から帰朝して宮内省に入り図書頭（ずしょのかみ）に就任したのに機を得たものであって、明治二十一年（一八八八）の春、四月五月に亘って二ヵ月間、九鬼図書頭と浜尾学務局長を戴いて京都・大阪から奈良・滋賀・和歌山と二府三県の古社寺の巡遊を遂げて古美術品の調査をしたことをもって実際的の事務に当った初めとする。もって博物館に資し、かねて美術学校開校の準備としたもので、この時現場に臨んで天心が観たままを写し取った写生帳・調査帳は、数冊に上って今に残存している。調査事業は帰庁後直ちに宮内省に結実して臨時全国宝物取調掛となり、天心主任として継続十年の長きに及び、優秀なる古美術品に対して附与した鑑査状は八千点の多きに及んでいる。

博物館は初め農商務省の所管に発足したものであるが、宮内省に移管されたのは明治十九年（一八八六）であって、やがて称を帝国博物館と改め初代の館長には九鬼隆一を迎えた。天心が入ったのはこの際であって、初めは学芸委員を命ぜられた。

明治二十一年(一八八八)九月である。翌二十二年(一八八九)には、本来、歴史・天産・工芸・庶務の四部であったのを美術部を加えて五部となし、天心は更めて理事として美術部長を兼ねた。歴然たる大きな位置であり勢力の座である。かくて東京美術学校の開校と同時に帝国博物館を事実において掌中に収めたものともいえよう。重ねていう、歳は二十八の若さであった。

博物館理事美術部長

演劇協会結成

この頃一般に文化興進の勢いにつれて世上の関心を得たものは演劇であった。すでに十九年(一八八六)においても伊藤博文や末松謙澄(けんちょう)らの名を連ねて演劇改良会が出現したが、余りにも洋風の理想に馳せたものであったために、なすなくして消滅した。それに次いで結ばれたのがこの時(明治二十二年九月)に出来た日本演劇協会で、天心が高田早苗(さなえ)や森田思軒らの新進と謀って結んだもので、急激な改革を避けて徐ろ(おもむろ)に刷新の途を開こうという主旨であった。表面を飾るためには会頭に宮内大臣の土方(ひじかた)久元、副会頭に皇后宮太夫の香川敬三を迎えようというのが亦この時に於ての天心の主張であった。それこそ何人も望むところながら、時勢は未だそれほどに転換していないといって何人も危惧して躊躇したのを、天心は起って自ら任じ直ちに事を遂げて主張を実現したのは一同を驚かしたといわれる。すでにこの頃における天心の宮内省においての力の存在を見るべきであろう。事は成って天心は事務員となり文芸委員となり、市川団十郎や尾上菊五郎らの技術委員と轡をならべて出発したが、これも盛大な発会式と第一回の試演会を行っただけで後には続かなかった。

豪華雑誌国華創刊

　この時に同じように企てて成功し、後に続いたものとしては、豪華雑誌『国華』の創刊を挙げなくてはならない。官報局長の高橋健三と協力して計画し敢行したもので、古美術の顕彰と保存を旨とし、兼ねて一般的に美術尊重の理念を昂揚しようとしたもの。第一号の発刊はその歳の十月に遂げた。図版印刷には固有の木版の精巧を尽くしたものの外に、更に新帰朝の小川一真の玻璃版をも用いて人を驚かした、日本で最初の見参である。第一号には天心は「円山応挙」を執筆登載した。一冊の定価金一円は当時米価一升十銭程度の世の中で、ふつう雑誌という雑誌が十銭前後の時でもあったので、破天荒の挙とすべく、世を驚かしたものであった。この企図もその背後には九鬼と浜尾のあったこと亦いうまでもない。天心や高橋らの歿後も継続して太平洋戦争の時にまで及んだ。

博覧会審査官

これらのことは、すべては美術学校開校の明治二十二年（一八八九）に於ての天心の行動の主なるものとする。翌二十三年（一八九〇）を迎えては、第三回内国勧業博覧会の開会があり、天心は審査官の任を帯して美術方面のことに活躍し、長文の審査報告を執筆しては、新時代に処する美術の進路に対しての抱負を披瀝し、滔々数千言、作家の啓発に資した。雅邦に名作「白雲紅樹」の出品を見たのはこの時のことである。

帝室技芸員制の決定

同じ歳の十月に、宮内省に帝室技芸員の制を設け、田崎草雲・森寛斎・橋本雅

日本青年絵画協会の結成

名実共に東京美術学校長となる

邦以下十人の絵画・工芸における既成大家を挙げてこの栄誉を授けたのもまた天心の献策から発したものである。更に越えて翌二十四年(一八九一)には、また方面を変えて、手を青年画家の上に下し、日本青年絵画協会の結成をなさしめたが、それは美術学校の卒業生を世に送ることの近づいたのを前にして、それらの輩をして活きた美術界に処せしめる予備行動の一つであるとすべきであろう。こうしたことの間に歳も廻ったが、自分においてもすでに二十三年(一八九〇)の六月には早くも東京美術学校長心得となり、その十月には進んで学校長となり奏任三等に叙せられ、名実共に一校主裁の権威者ともなった。この時、この際、我が国の美術界は一切を挙げて、天心の世界に入ったものとしてよかるべく、早くも到来した我が世の春ともする。

七　学界に捧げた二大業績

一　日本美術史の開講

天心は天才であり先覚であり、憂国の志士であり一個の英雄でもあった。それと共にまた比類なき見識を抱持した堂々たる学者でもあったが、この点はややもすれば忘れられようとしている。東京美術学校長時代、『日本美術史』の大作一編を作り成したこと、奥深く中国本土の大旅行を遂げて当時の研究に資したこと、この二大業績などは正に当代の学界に捧げた大きな貢献であった。忘らるべきを許さない。

日本美術史の講義

日本美術史は明治二十三年（一八九〇）九月以後、美術学校の教壇に立って講述したものて、第一回は一ヵ年続いて結末を告げ、更に稿を改めて次々の学年度に二回、三回と繰返している。二十三年(一八九〇)から二十四年(一八九一)に亘り、学校長心得となって教諭を兼ねたり、教授に任ぜられて校長を兼務したり、更に校長を本官として教授兼任となったり、煩わしい名義上の転換を繰返しているのは、学校長の身をもって教壇に立つがための法的措置である。

残存せる自筆原稿

多分の貼紙や書入れをさえ加えられた当時の自筆原稿は幸いに今に残存しているので、それを基礎にして当時の学生の筆記本と参照按排して整理編輯したものが、日本美術史の名をもって昭和十九年(一九四四)天心偉績顕彰会版の『天心全集』第六巻に収めて世に公にされている。今は容易く接し得らるべきである。

最初の日本美術史

東洋の美術国に従来東洋美術史なし。本朝画史の類あるも画人の伝記に過ぎず。系図の類ありとするも信ずるに足らず。

と自ら言った如く、古来何人にも手を附けられなかった所に、初めて荊棘を剪って開拓の鍬を入れたものとすべく、一大難事であったことはいうまでもなく、秀抜な才能と、透徹せる見識と、併せて活きた眼を開いて収め得た豊富な資料を胸に蔵するものにして初めてなし得た所である。この点においても天心は、「幸にして予は幾分かを知り、幾分かを聞き、幾分かの自信を持つ」と自ら言っているがごとく、全国宝物取調に当って優秀な古美術を極めて多く鑑てそのものに対して見解を下した経歴を持つだけでも他に比儔のない地に在った。事に処し得たところである。

歴史は活きる

「歴史は死物ではない。古人の悲しむ所は吾も悲しみ、吾の笑う所は古人も笑う、此情が発して美術となる。それを観て吾等は古に活きる復今に活きる資とせねばならぬ」の見識を持して臨んだ。古画も古仏像も時代の上に活きて来た。時代もまた古美術を通じて展開された。そこに天心の美術史は存在する。天心は講述すること回を重ねて、自ら満悦の境地に進み得たものでもあろう。ただ当時在学中の青年学徒に果してそれを、どの程度諒解し得たか否かは疑わざ

当時の学界に伝わる高評

るを得ない。それにしてもこの開講を聞知して、帝国大学（今の東京大学、当時の最高学府）の学生にして、手続きを取って特別聴講を申請し来ったものも二－三ではなかった。学界に評判になったものであることが知られる。それら聴講生中には後年学界に名をなしたものも若干は数えられる。藤岡東圃（とうほ）や大塚保治（やすじ）などもそれらの一人として知られている。また校外からとしては、高等師範学校を初めとして、早稲田専門学校（今の早稲田大学）や慶応義塾（今の慶応義塾大学）等からも、次々に要請があって、それがために、あるいは臨時に、あるいは定期に、その校に臨んで、あるいは奈良朝美術史とか、または平安朝美術史とか、そうしたものを講述したこともある。学界を通じて日本美術史の開講が讃嘆をもって迎えられたものであったことを知らねばならない。

一編の編成

一編は、序論・推古以前・推古時代・天智時代・天平時代・平安時代・鎌倉時代・鎌倉第二期・足利時代・豊臣時代・徳川時代・総叙の十二篇に区分して、そ

依然たる美術史の最高峰

の時代の特質を背景とし、これに関連して例を挙げて作品を示し、精細に説かれたものであって、特に推古以前の篇において、それが因由をなす中国歴朝芸術の発達変遷を述べたことなど、我が法隆寺の壁画や古仏像、更に延いて奈良地方や京都内外の古仏像や仏画に対し批判的解説を下したことと相待って、共に初めて学界に試みられた学術的解明説示であって、貴重な研究発表であったとしなくてはならない。今にして算えれば六十余年の以前のことになるが、それからのものはいずれもこの一編に源泉を発しての日本美術史であるのみならず、本編なお屹然として我が美術史中の最高峰たる位置を下らない。天心が学界に捧げた一つの大きな業績である。

二　中国内地の探求旅行

中国の古文化探求の大旅行は、明治二十六年（一八九三）の七月から十二月初頭まで約半年に亘って試みられた一つの大事業であって、当時においては容易に夢想もなし得ない破天荒の英断でもあり決行でもあった。

本邦において、奈良に京都に残存せる優秀な古美術品に頻繁に接触しては、一倍強く美的情緒に打たれて陶酔感をさえ覚えたであろう我が天心が、更に溯って、その源泉を成す六朝から唐宋の古美術に接し、学術的にも鑑賞的にも大なる知識を得たいとの切望をかもし出したことは正に来るべきところに来ったものともいえよう。学校に日本美術史を開講するに至って、この願望は愈々切実を加えたものである。

中国探査の切望

当時の中国は清朝の世であったが、我との国際関係は国交断絶を前にして必ずしも円滑な間ではなかった。その時に当って、その国土の内地深く入り込むなど、在来何人も試みたものもない事を遂げようとすれば危険は一段と高まる。寧ろ不可行為ともしなければならぬ。それを天心は敢えて遂げた。極めて大なる冒険行為でもあったのである。

容易ならざる周到な準備

周到な準備は一年前から計画的に進められた。食客の青年、十九歳の早崎稉吉（こうきち）を使役して、二十五年（一八九二）の秋から渋谷に日本橋にと、日々を間断なく通わしめて、中国語の学習と写真術の習練に勉めしめた。当時において入手困難だった写真種板を、輸入着荷毎に手を廻して或る数の取揃えにも功を収めた。かくて準備の略々（ほぼ）成った時に、帝国博物館の学芸委員として宮内省からの出張旅費の給与を受けて旅途に就いた。

大掛りの旅行

東京出発は七月十五日、韓国を経て北京に着いたのは八月九日という。随行には早崎稉吉を伴った。深く内地に入るには更にこの外に通訳一人、従僕一人、それに一輛二頭の騾車（らしゃ）を連行するという大仕掛けであって、騾車には、衣類・寝具・写真種板（当然ガラス板であった）・洗面器・食器から馬蹄銀まで積み入れて重量二千斤であったという。一行一同容姿一切当時の中国式に仮装した上に、洗面の仕方や食事の習俗まで一切習い覚えての出発で、今日では想像以外のものであった。

旅行の困難

　これまでの周到な用意を尽くしての行旅であったが、愈々八月二十五日から旅途に就いて見ると、それがまた予想外のことに遭遇しての困難少なからず、南京虫の襲撃は間断なく続く、それがためには発熱痛苦を覚えたことも一再ではない。食事に悩んでは窮地に入ったこともある。行くとして寧日を得ざる有様であったが、それをしもどうやら凌いで、千辛万苦を重ね、当時において殆んど不可能視されておった奥地にまで進んで目的を達したことは、学界に捧げた大きな貢献であったとしなければならない。旅中に毎日書き続けた旅行日記は薄様の雁皮紙数冊に綴られた小冊子として遺されている。貴重な資料とすべきである。

易水の感想

　二十七日には早くも涿州を発して壮士荊軻に知られた易水に着いたが、易水寒からずと顧みて戯れながらも、「日記」には「衣冠の影地に映ずるを覚ゆ」など記るして、「秋風易水酒荒涼」と一首も詠んでいる。翌日は劉伯倫の墓に展じて上

望外の観であった洛陽

竜門石仏発見

墳に注ぐべき好酒なしと記し、これからは一路南下、天寧寺の古蹟から万寿禅寺の跡を探り、九月十七日には、「明日洛陽を見るの楽しみあり」と特記して洛陽(河南)に入ったが、それは数日の後に着いた古(いにしえ)の唐の都、今の西安と共に、等しく荒涼惨憺、唯懐古の涙を誘うに過ぎなかった。唯この間に竜門に登って予期せざる石仏(せきぶつ)群を発見したことを望

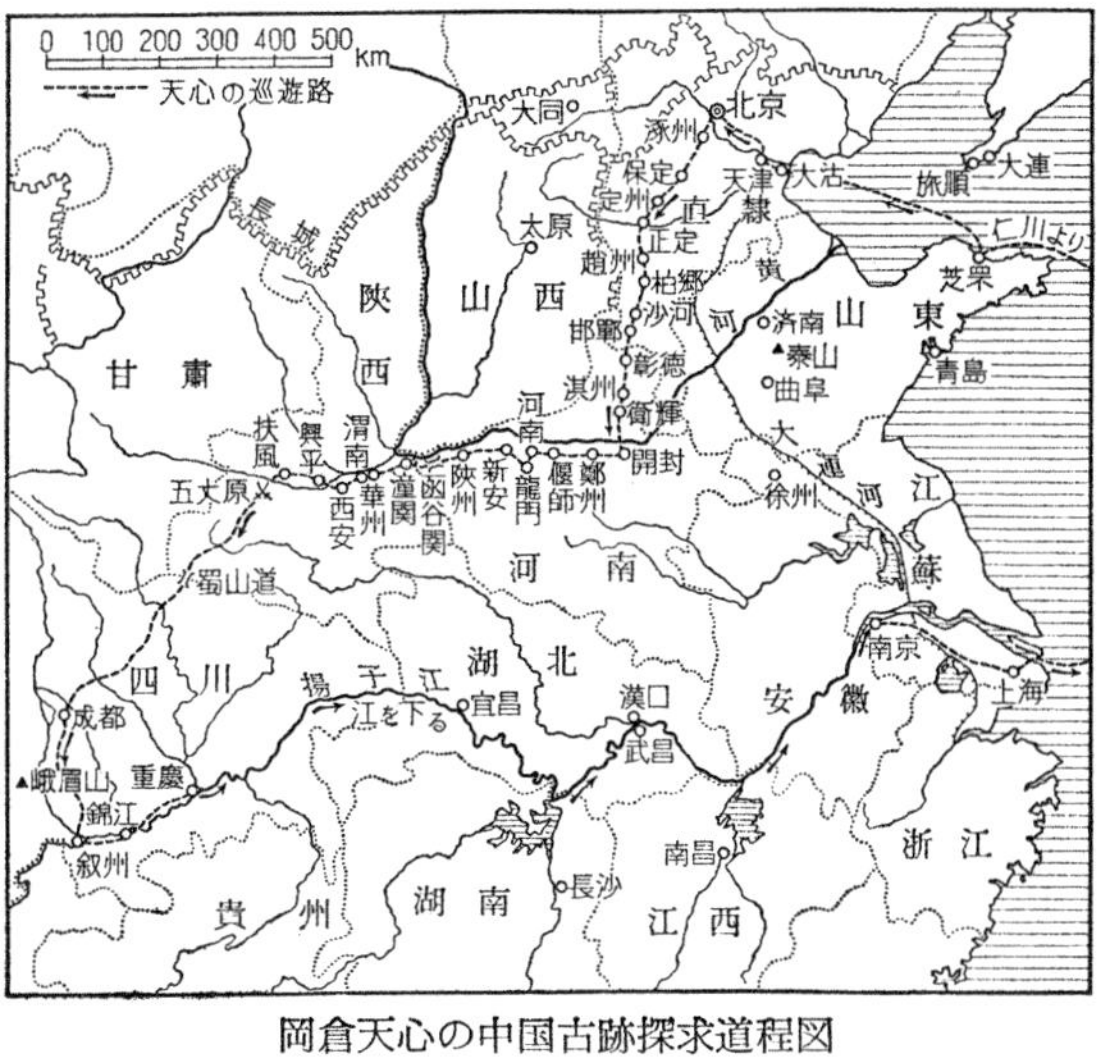

岡倉天心の中国古跡探求道程図

（明治26年7月28日～12月7日）

外の喜びとした。「諸仏の妙相忽ちにして喜歓の声を発せしむ」といい、六朝の正式見るべきかと讃し、「西遊初めて効あり」と特記している。事実学界に捧げた大きな獲物とすべきである。

蜀に失望

それから五丈原を過ぎては感懐を一絶に寄せ、蜀（四川）に進んでは山容水影から風俗習慣また甚だ中原と異なると一応は興に入ったものの如くであったが、成都に着いて待望の全く裏切られたのに失望し、留まること僅かに二日にして、出でて錦江を下り重慶・漢口を過ぎ、十二月一日上海を発して七日東京に帰着し、以て前後六ヵ月に及ぶ大旅行は結末した。この間、留守宅では夫人基子は浅草観世音に日参して旅中の無事を祈ったといわれる。

「支那に支那なし」

「支那に支那なし」の一語と、中国文化を大別して「揚子江文化と黄河文化の二とすべし」との論案とは、天心が帰後、東都協会その他において発表した言葉であって、学界にもたらした一つの旅行からのみやげである。この大旅行によって天心の胸底に収めた学術的効果の多大であったことはいうまでもなく、更に直接・間接、広く学界に資したこともまた甚だ少ないものとはしない。それは勿論独り竜門石仏群の発見だけのことではない。

> 斜陽野ニ在リ、楊柳人影総ベテ画中ニ見ン所ト同ジ、雪舟ノ瞥見筆ニ入レタルモ此趣ニ外ナラズ。劉松年の林家人物、閻次平ノ夕陽帰牧、眼前ニ在リ、彼等ハ寧ロ写生的ノ人ニシテ、別ニ画裏ノ天地ヲ開キタルニ非ザル如シ。猶考ヘタシ。此行惜ムラクハ雅邦画伯ト共ニ遊バザルヲ。
>
> （「旅行記」八月八日虎同附近）

八　江戸の夢を今にして

力余りあり動に傾く

天心は力の人であり動の人である。加えて当時は若くもあり強くもあった。変化は喜んだが静穏には堪えられなかった。触るるところ、携わるところ大方は処理をつけて、今は驕(おご)りも到り倦(う)みも来る時になった。恰(あたか)も好し、其の時に居を根岸に移し、文雅風流の士と交わるの機会を得た。一時を遊興三昧(さんまい)の脱線行為に走らしめた所以(ゆえん)でもある。

転々移住

一体、一所安定を欲せざるところ、天心はその居住においても、同一の場所に永く在るに耐えられなかった。明治十六年(一八八三)に、根岸の御行松(おぎょうのまつ)附近にささやかな借家を見出して住んだのが、兎も角も一家を構成した初めであったが、それから幾(いくば)くならず牛込の築土(つくど)に移り新小川町に転じ、去ってまた九段に移り駿河台

中根岸の居住

に移り、池の端に移り黒門町に移り、更に明治二十四年（一八九一）に根岸に来るというように、八年の間に八回も移動転居している。それも初めのほどこそ借家の仮住居であったが、それにしてもなお且つ玄関子としては二―三人の書生も置く、時に応じて車夫も置いたり馬丁を置いたりという大がかりの連続であった。中根岸では初め四番地に移って居としたが、幾程もなく去って七番地に移った。地域は三百余坪、本家は七―八室の二階建で、離れて父の隠居所もあり、更に一棟の土蔵も附属している。庭は広く池もあり、池には家鴨や雁やを放って置いた。これは借家ではなく初めて持った自分の家であった。

根岸は江戸以来特殊の閑静境

根岸は江戸時代には寛永寺法親王輪王寺宮の家臣の屋敷などの在った所で、上野の森を後に負うて大江戸の殷賑と遠ざかり、水も流れ樹木も茂る静閑な別天地で、東京となっても大体そのままに昔のおもかげを留めておった特殊の地域であった。この気分を愛して、段々大町人などの寮なども多く建てられるようになった

根岸居住の文芸家・画家等

が、文芸風流の人も、好んで来ってはここに居を構えるものも少なくなかった。小説や随筆、又は劇評などに筆を執って当世に知られたものでは、饗庭(あえば)篁村(こうそん)に森田思軒・幸堂得知に宮崎三昧・須藤南翠に関根只誠・高橋太華、それに根岸ではないが、それに近く谷中(やなか)の天王寺畔に住んでおって、なかまの遊びに加わったものに幸田露伴もあり、画家としては、久保田米僊(べいせん)に富岡永洗、また美術学校の教官では川崎千虎なども、前後して移り到った。官報局長の高橋健三や裁判官の藤田隆三郎などは、社会上の立場は異にするが、遊楽風流を解することにおいては相通ずるところもある。高橋健三の兄は南宋画壇の雄の滝和亭である。

趣向を凝らしての遊興三昧

数寄者(すきしゃ)の集まるところ、一切の趣向を歌舞伎芝居の忠臣蔵に擬しての一大園遊会を開いて高橋官報局長の欧州出向の送別会を催したり、或いは高橋夫人が先達(せんだつ)となり、それぞれ夫人連を糾合(きゅうごう)して何とやらん会なるものを作り、春の 酣(たけなわ) なるを待って、銘々に、過ぎし昔の御殿女中をそのままに、かたはずしの髪に打かけ姿というに仮装して花道に繰出すというようなこともあり、それからそれと、段々と興も乗り来っては、尾崎紅葉や山田美妙斎などの硯友社に対抗して根岸派とか根岸倶楽部とか、自らも称し人も呼ぶようになっておのずから一派形成という気分も出てか、それぞれ、誘い合わしては鶯渓の伊香保、音無川の鶯春亭と、附近の料亭の会飲も続ける、浅草に走っては、山谷の八百膳や鮒重と珍味を探る。春に品川沖の汐干狩もすれば、夏は荒川の鮎漁にも興ずる。それも並大抵の遊びでは面白からずとあって、天心を馬の御前、得知を髯の意休、露伴を谷中の和尚、三昧を田甫の太夫などと呼びならし、相手を御前と茶化し半分に敬意を表しては、自らは三太夫という。天心が篁村に送った手紙に、

根岸倶楽部の結成

ごぜん会やつめ言葉

久し振りの雨、禁酒固めをいたし度、御光臨被レ下候や、小生参上可レ仕や、御返答相待候。

あへば御前　　三太夫

江戸気分を今に追う

など認めたものも残っている。篁村は黄表紙通(きびょうしつう)、得知は歌舞伎通、自然は天明（一七八五頃）の江戸から幕末天保頃の江戸の泰平楽気分の謳歌となっての遊興、詰め言葉もすれば挿み言葉にも戯れる、能美努計(のみぬけ)無尽（飲み抜け無尽）の一泊旅行もすれば大尽(だいじん)遊びもする。江戸の盛りを今に追う泰平の逸民をそのままの歓楽の日常、それがその頃の天心であった。

隅田川の盃流し

明治二十五年（一八九二）の秋、シカゴ博覧会の準備委員として米国から来朝したガワード Gaward 歓迎の催しとして隅田川に盃流しの宴を開いて受けた災厄(さいやく)なども斯うした気分から無雑作(むぞうさ)に発した天心の禍(わざわい)の一つである。奇抜な趣向に外人を驚かそうということからの計画で、装飾を凝らした屋根船から日米の国旗交叉(こうさ)を図した何百の盃と、準備は派手に調えたが、折あしく当日は雨となって、奇抜な趣向も散々に潰された。さりとて、そのために費用は多分にかかっても少なくなるわけはなく、結局は高利の金を多分に借りて、わずかに始末をつけたと伝えられ

表は泰平楽内は台所の苦痛

る。泰平楽を叩(たた)いての日常に、台所の苦痛は月に日にかさむばかりで、米代の滞りさえ数ヵ月に亘っていたというのもその頃のことである。歓楽の裏に苦痛あり、こうした事に明け暮れて、台所の苦悩はいやが上にも重なるばかりともなった。それが表には天心の全盛時代を謳(うた)われた時代でもあった。

> お互に御前(ごぜん)々々といつて、皆様お寄りになると、御前様(ごぜんさま)どうでした、とか、そんなことで、みんなゾロッとした服装(なり)で、縮緬(ちりめん)の羽織などを着て雪駄(せった)をはいてチャラ〳〵歩く、そんな仲間(なかま)でした。能美努計無尽では痛飲・暴食して会計掛の三太夫を困らせる。二日旅行では三太夫が極端な不自由倹約をして御前(ごぜん)たちを困らして悦ぶ。……
>
> （早崎梗吉氏談）

九　急転失脚

東京美術学校長退職

明治二十七年（一八九四）八月一日、清国に対して宣戦の布告あり、彼此国交は断絶した。我が国としては開国以来の国難としなければならぬ。当時の清国は、李鴻章が大政摂理の下に、広大な版図と、豊富な財源と、かねて強大な艦隊とを持って世界に畏敬された国であった。その大国を敵として起つ、国民は挙げて異常な緊張場裡に入った。浮華の俗は地を払い、歌舞・音曲は鳴りをひそめた。さわあれ、それも一時のこととして大捷の裡に平和は回復したが、その際には、また遼東半島還付などいう余震があって、容易くは緩裕な気分に浸ることをゆるされなかった。

日本絵画協会

発表された初期の作品

こうした間にも歳月は移って、東京美術学校からも二回・三回と卒業生を出した。その勝れたものは採って助教授などの任にもつけたが、また世に送り出すことの必要も考慮せねばならぬことに直面した。折から日本美術協会から青年作家の俊英が逸脱して日本青年絵画協会なるものを作り成した。これにも天心は迎えられて会長ともなったが、更にこれを大成して日本絵画協会をまとめ上げ、会頭には公爵の二条基弘を迎え、自らは副会頭として一党支配の地に就いた。画家では雅邦・玉章から、広業（こうぎょう）・鞆音（ともね）・観山・大観・春草・丹陵・孤月・玉堂らの青年作家の俊秀を網羅し、その上に京都の栖鳳（せいほう）や芳文等にも及び、当時の精英を尽くして陣営を調えた。成績の発表は毎春秋の二季として二十九年（一八九六）の秋に第一回共進会を開いたが、翌三十年（一八九七）の春と秋には更に第二回と第三回とを開いた。第二回の時には、雅邦の「臨済一喝」、大観の「無我」、観山の「光明皇后」、鞆音の「武者」、春草の「拈華微笑（ねんげみしょう）」等の出品があり、第三回の時には、また観山

画壇革新の第一鞭

の大作「継信最後」も出たが、大観の「聴法」や春草の「水鏡」、広業の「菊慈童」、孤月の「春暁」もあった。すべてはこれ天心が、師資相承によって技巧の形式に堕した江戸時代の絵から去れ、理念に本づき生鮮な精神に活きて作に当れ、時代を忘るなと、機ある毎に説いて指導したものの現実となって展開したもの、世評の嘖々たるものもあったが、天心もまた初めて歓心の笑みをたたえ得たところでもあった。

古社寺保存法設定

これらと前後して、内務省においては、前年に立案した古社寺保存法が帝国議会の協賛を経て成立し、この歳六月をもって法として公布された。また天心がこの方面に致した力の発露である。かくて新古に通じ、方面を尽くし、美術界のこと、凡そ天心の庇保に拠らざるものなく、今は正に斯界の王者の如き地歩を占めるものとして観られるほどにもなった。さわあれ安心の境に在り順況の地に坐する時において失脚の因は作られる。我が世の春を謳う声はやがて呪詛の渦でもあろう。思いも寄らず爆弾は脚下に破裂して、天心は一端にして九地の下に落つるに至った。計りがたい人世の異変である。

爆弾脚下に破裂

目指すところは大きく、思い込んだところは一気に遂げる。それだけに周到の注意を怠る。乗ぜんとするものには乗ぜられる余地も残る。天才の人の事を成す際においての通有の事でもある。櫛風沐雨、荒蕪を拓いて美術の園に天日を仰がしめたのも天心であったが、美果未だ熟せざるに、早くもこれを棄てて去らざるを得なかったのも天心である。また天才の運命でもあろう。

福地復一の寵用やがて禍をかもす

事は一小事に胚胎する。天心が挙げて美術学校の図按教授として用いたものに福地復一という者があった。機才の勝れたもののあるを愛して極度に寵用したのが因をなし、福地は用いらるるの厚きに慣れて埒を越え、驕慢専横の行動さえ多くなったが、特に天心が中国旅行の不在中は、自由気儘に一切を切り盛りして温厚篤実の老雅邦とまで甚だ相協わざるまでになった。さすがに雅邦も耐えずでや、天心の帰朝を待ち、二－三同志と相携えて天心を訪ね、事実を挙げて福地との両立不能を愬えた。初めて天心も覚る所あり、爾来、福地に対し手の裏かえす態度をもって臨み、進んでは転任の名の下にこれを京都方面に追おうとするに至った。事は成らなかったが、福地はこれをふくんで、二－三同志と相語らい、進んで天心排斥を策謀するに至った。

九鬼館長と福地の提携

その時、たまたま帝国博物館の九鬼館長も臨時博覧会副総裁の兼任を解かれて館長の地また危しと伝えられるところがあった。かくて危惧の念に駆られた九鬼は相倚って福地と結び呼応して天心排擠に出たので、事は急速に進展し爆発した。

博物館理事辞任

明治三十一年(一八九八)三月十七日、天心は遂に迫られて帝国博物館理事及び部長の任から去った。天心の縁によって博物館に兼任せるもの橋本雅邦・高村光雲・川崎千虎等々、皆また一斉に解任となった。風雲俄に上野の空を蔽うたものである。その翌十八日の『読売新聞』には、「美術教育に就いての私見」なる一文が掲載されて風霜険悪を思わしめたものがあったが、越

一挙大事変と化す

えて二十一日には、「美術界波瀾の真相」という見出しの下に暴露記事となって表われた。これによって世上一斉に驚異の眼をみはったが、それよりも寧ろ狼狽(ろうばい)したものは排斥を企てた当事者であったものの如く、その日附と同一日附をもって築地警醒会(けいせいかい)なる仮想の会をもって、天心が私事私行、有る事無い事、曲筆舞文(きょくひつぶぶん)、針小棒大(しんしょうぼうだい)はおろか、罵詈讒謗(ばりざんぼう)を極めて書き綴った暴戻(ぼうれい)怪奇の文書が、当路の官辺を初め新聞社から社会各方面に亘って発送された。福地復一・松岡寿・長沼守敬三者の間に成ったものだろうと当時は言われておった。責任者署名もなく、その上、天心をもって精神病遺伝者とか、或いは残忍性をなすと説くやら、又は芳崖・雅邦を怪奇の狂画と罵るの類、一笑に附すべき種類のものながら、当時の文部省を初め各方面において意外にこれを重視して取り上げたのは天心に徳のなかったがためでもあったろう。又一つの天の声でもあったと観るべきでもあろう。

天心美校に辞表提出

天心は形勢の非なるを観て、三月二十六日、悲壮の辞を尽くして教職員一同に決意を語り、辞表を提出して校外に去った。教授・助教授から職員一同、僅かに前年初めて任用された黒田清輝らの西洋画科一派を残して他はいずれも痛憤激昂、連袂辞職の手続を取ってまた校外に退いた。当時においての一大事変として世を挙げて驚異の眼をみはらしめたところであった。時の文部大臣は西園寺公望で、次官には天心の親友である都築馨六があったが、処する途なしとして、二十九日、天心には非職の辞令を交付し、辞表提出の教職員には手を尽くして慰留に努めたが、結局これに応ぜざるもの左記十七名を免官として事の結末を遂げた。

多数教職員の辞職

橋本　雅邦(教授)	川崎　千虎(教授)	六角　紫水(教授)
後藤　貞行(教授)	剣持忠四郎(教務)	下村　観山(助教授)
新納忠之助(助教授)	関　保之助(助教授)	寺崎　広業(助教授)
小堀　鞆音(助教授)	西郷　孤月(助教授)	横山　大観(助教授)
岡部　覚弥(助教授)	桜井　正次(助教授)	山田　敬中(助教授)

桜岡三四郎（助教授）　菱田（ひしだ）　春草（講師）

この時、天心三十七歳、半生の心血を注いで活動した東京美術学校を中心としての業績は歴史の上に残る過去のものとなった。感概の切なるを覚えたであろう。

すべて官庁方面と関係を断つ

この際をもって宮内省との関係も、帝国博物館との関係も、また文部省との関係も、すべては清算されて官省方面の関係は何ものも後に止めなかったが、ただ古社寺保存会だけは、内務省の所管であったがために、後に文部省の所管に移っての後においてまでも、依然として重要な関係を継続して終生を続けた。名は一委員たるに過ぎなかったが、蘊蓄（うんちく）あり、見識あり、学力あり、経験のある所、常に重要なる存在であった。

一〇　日本美術院創立

一　日本美術院の設立と開院

下野直後の心境

天心が世に出て以来、十余年の長きに亘り、手にかけ心に抱いて理想の下に育て上げ、我が児の情愛をもって臨んだのが東京美術学校であった。それから今しも心ならずも追われて去らざるを得ないことになった。愛惜も禁じ得なかったであろう、悲憤の涙も湧いたであろう。さわあれ事ここに至っては、当面の問題として、速かにこれに替る何ものかを作らねばならぬ。それに拠って自らも処らねばならぬ。己れに随って連袂学校を退いた多数の教職員の義にも酬いねばならぬ。それがその時においての天心の境涯でもあった。一たび意を決すれば心は転換する。速かに彼に勝るものを作り成して圧倒的な優位を獲得する、それ以外に道は無い。それと定めて直ちにその道を進む。前日の悲嘆はやがて軒昂たる意気と変り熱意と燃える。そこにもまた天心はあった。

美術院建設はかねての持論

法・文・理・工、大学の上にいずれも大学院の設備があって、大学の課程学習を終って更に深く究めんとするもののために資する。美術界においてもまたその如く、一通り学術と実技の修業を終って更に奥に入らんとするもののためには美術大学院がなくてはならない。それは天心の元来の主張であり持論であった。これがために案を立てて、文部当局の手に致したことさえあった。それを今は計らずも自ら試みるに恰当の立場に到来したのである。退職の教職員の内には私立美術学校の建設を進言したものもあったが、それは取らなかった。

美術院の実現によって世に臨むとすれば、成すことも難くなく効を挙げることも易い。それにしても天心が企てるところは常に規模大にして理念高く、効を急

理想大にして懐中は無一物

いで遷延を許さない。そうして手中無一物にして四辺また顧みて頼るべきところもない。退任直前、新居を谷中初音町に構えてこれに移り、中根岸の旧宅を売却したが、約成って金円の授受未だ終らざるに、近火に災されて家は焼け、期せる所は空と化した。この際この時、描く所にして僅かに市価を有するもの雅邦の絵ありとするも、後世の如きものではない。それでも咄嗟に案を立て、広業や観山やを助手として数曲の屏風に雅邦の作を盛らしめ、もって一時の急に処したなどいうことも伝えられる。

川上大将の共鳴

計画成って六月の末には、早くも湯島天神前に巡査合宿所の立退き跡の空居のあったのを見つけて日本美術院創立事務所の看板を掲げた。七月一日をもってこの事務所において、形ばかりの創立披露の会合を開くべく運んでおった。恰も好し、この際において、当代に名声中外を圧した参謀総長の川上操六大将が、平素から雅邦の絵に傾倒するところ、この一挙に聴いて、前途を祝する微志として金

日本美術院設立披露宴

三百円の一封を人力車夫を使として持参せしめた。三百円は当時においての大金である。思いもかけぬこの声援を受けて一同は狂喜して相慶した。これによって俄に計画を変更して、当代一流の紳士会合処として知られたる芝公園の紅葉館を会場として披露会を開くことに改めた。当時の内政状態の貧弱さを知るべき一つとも観るべきであろう。主催者として案内状の主人席に名を列ねたもの、雅邦以下総計二十五人に及んだが、天心は避けて表（おもて）に名を出さなかった。会合は七月十五日に開かれ、会し来ったものは公爵二条基弘から都築（つづき）馨六（けいろく）・三宅雪嶺・高田早苗らを初めとして百五十名、横山大観が開会の挨拶を述べ、高田早苗や都築馨六の祝辞があり、席上、創立資金三十万円募集計画を発表したが、これはこの頃にあっては普通計画の事業資金としては夢と驚かしめるほどの巨額のものでもある。

紙上筆を執って巨大な資金を計画しても、それは文字通りの紙上のものであって、実際においては依然として何ものもない。天心は幾たびか躊躇（ちゅうちょ）したが意を決

遙かにビゲローからの援助

して事を米国のビゲローに報じた。報を得たビゲローは直ちに一万ドルを電送して来た。日本銀に換算して二万円である。当時にあって夢想もしがたいほどの巨額の金である。ここにおいて事は急速に具体的に進展した。地を谷中初音町四丁目に相(そう)して研究所建築の工を起した。地は岡崎雪声の所有で、一角にはこの春に建てた天心の住宅も在る。ここに木造二階建南館・北館の二棟を造り、南館は階上・階下ともに絵画研究室とし、北館は階下に工芸室及び事務室を設け、階上には天心が居室と講堂を設けた。

研究所竣工開院式と記念展

工成って、その歳十月三日、湯島天神前の仮事務所を閉じて一切をここに移し、十五日を以て、当代の貴紳名流多数を招待して盛大な開院式を挙げ、同時にその新院内を会場として、日本絵画協会共進会と日本美術院創立記念展覧会とを合同して開会した。開院式にも、天心は避けて正面に立たず、雅邦が主幹の名を以て起って開院の式辞を述べた。携わる作家は、いずれはあれ、新美術建設の地はここに作らるとして意気天を呑んで発途の気勢を挙げた。実に天心が東京美術学校を追われてから僅かに半年の短時日である。一たび決するところ直ちにこれを遂げねば已まぬ天心の気魄の壮も観なければならないが、同時にこれを遶る青春作家の面々の、師と仰ぐその人のためには何物をも辞せぬ熱火の発憤がここに至らしめたことも知らなければならない。

　展覧会は雅邦・楓湖・月耕・大観・観山・広業・孤月・鞆音・春草・玉堂・敬中・丹陵・半古・米僊らと、更に京都からの栖鳳・芳文・翠嶂・松園と、数を尽くして二百名、中にも大観が「屈原」の縦五尺横十尺というのと、観山が「闍維」の縦四尺七寸横八尺五寸というのが、当時にあっては破天荒の大画面のものとして人を驚かしたが、特に「屈原」に至っては、もとこれ春秋楚の名士、正道を持して容れられず、讒に会うて朝を去り、「世を挙げて濁る、我れ独り清む、衆人皆酔う、我れ独り醒む、皓々の白、何ぞ世俗の塵埃を蒙らん」と、憂心煩乱、去

予期せざる宣伝効果

って汨羅に投じたるもの、いま大観が図をこれに取れるは、これを藉って天心がこの時の境地を示したものである。悲風惨として草木共に泣かんとするところ、衣袂悉く憤懣の気を包んで静かに歩を移す青年の志士のすがたは、やがてそのままに現代の天心の身と観る。接するほどのもの悉く眼をそばだてた。新聞紙は伝えて足らざるを憂い、評壇は湧いた。当代斯界の第一峯高山樗牛は雑誌『太陽』誌上において、数月に亘って歴史画題を論じ、屈原論を説いて一時を風靡した。帰するところ、「屈原」によって大観の名は一挙にして世に謳われるほどにもなったが、それと共に日本美術院の創立と存在とを全国に普及せしめることにもなった。また何人もそれほどには予想もしなかった結果でもあったが、事実は事実である。

二　日本美術院の構成

天心野（や）に下る、身に寸鉄を帯せずして期する所大に過ぎ、人をしてむしろ危惧の感を覚えしめたものであったが、意気の熾（さか）んなる、一切を克服して成（せい）を告げ、理想の結晶日本美術院を現実ならしめた。また痛快を禁ぜしめなかった所としよう。

国粋伝統の維持と開発

日本美術院は、その規則の上においても

同志相会し本邦美術の特性に基き其（その）維持開発を図る所とす。

と発表したように、尊い我が国粋美術の伝統を精神的に今に活かして、更にそれを本にして正しい開発を遂げ、もって新時代に添うべき新美術を樹立すべきことを目標とすることを宣揚したものである。その目標達成のために構成する日本美術院の中心幹部を正員とし、これは左記の二十六人を挙げて当てた。

正員

橋本　雅邦　　剣持忠四郎　　西郷　孤月　　横山　大観　　寺崎　広業

菱田（ひしだ）　春草　　六角　紫水　　岡部　覚弥　　新納（にいろ）　古拙　　岡崎　雪声

評議員

（前列右から五人目雅邦，後列右端天心，左端大観）

下村　観山　　小堀（こぼり）　鞆音（ともね）
山田　敬中　　川崎　千虎
関　保之助　　桜井　正次
尾形　月耕　　前田　香雪
新海竹太郎　　田辺　源助
塩田　力蔵　　岡倉　覚三
松本　楓湖　　滑川（なめりかわ）　貞勝
府川　一則　　黒川　栄勝

この中から更に橋本雅邦・岡崎雪声・剣持忠四郎・六角紫水・寺崎広業・西郷孤月・横山大観・岡部覚弥・菱田春

主幹は雅邦
天心は評議
員長

日本美術院創立当時の正員

草の九名を選んで、評議員となし、これをもって実際的の院の事業運営の衝（しょう）に立つこととなさしめた。代表者は主幹として、これには雅邦を挙げ、天心は評議員長の名に匿（かく）れて表面に立つことを避けたが、実際上の院長でもあり主幹でもあり、独断をもって一切を処理したものの天心であったことは特にいうまでもない。

堂々たる賛
助会員

更に名誉賛助会員としては、近衛篤麿・二条基弘・川上操六・谷干城・島田三郎・高田早苗・矢野文雄からビゲロー・チルデン・フエノロサ等々数十名の社会的名望のある人々の名を連ね、別にまた特別賛助員には、富岡永洗・梶田半古・川合玉堂・邨田丹陵から、幸田露伴・尾崎紅葉・内藤耻叟・高山樗牛・坪内雄蔵(逍遥)まで、当代文芸界乃至美術界に地位を有する人々の名を網羅した。一には外観の壮を飾ったものでもあるが、それにしても陣容の堂々たることを示したものとしなくてはならない。

事業の種々相

内部は、まず大別して学術部と実技部の二とし、更に実技部はこれを絵画・彫刻・漆工・図案・金工の五部に分かち、それぞれ専攻の正員を分かってその部に就かしめた。各部門とも独自の制作も事業もあるところ、大なるものでは銅像の鋳造建設の委託も受けたが、官省関係としては国宝や特別建造物の修理営繕等の事にも当った。これらは当時にあっては他にこれを克くし得る適任者の無かったところからも来たものであるが、後年まで大きな事業として継続した。

国宝修理

それにしても天心が理念とした主なるものの絵画であったことはいうまでもな

中心は絵画部

熾んなる意気

く、美術院が自ら任じたところもそこにあり、一般社会の美術院に期したところもまたその以外にはなかった。かくて絵画部はおのずから美術院を代表するが如き位置にもなり、日本美術院の全部が絵画部であるように即諾(そくだく)せしむるほどにもなった。事実、内に研究会員を募ったのも絵画部であり、講演会や批評会を催したのも主として絵画部であり、衆議に問うの機関として春秋二季開会の展覧会を有しておったのもまた絵画部であった。重きをなすものは重くも遇せねばならぬ。絵画部の精英は各々院内にその画室を給せられて毎日登院、研究にも努め制作にも当った。研究会員に対しては指導もした。この間に成った作品は悉(ことごと)く院に収めて院の処理に任じ、院の費用にも充てたが、各作家に対しては院から手当として月額二十五円の支給もした。この支給を請けて各作家は一家を養ったが、いずれはあれ、不平も言わず、不満も語らず、専身精進これ勉めた。また天心の偉大さから来るところ、異風景とすべきである。美術院はやがて美術院に近く道路を挾んで対側(むかい)の螢沢の田圃(たんぼ)を拓(ひら)いて八戸の公舎を作り、これらの人々の住宅に充てた。八戸同一型、茅葺(かやぶき)の二階建、小なりと雖も庭らしい余地もあった。世に八軒屋の称をもって呼ばれた。かくの如くにして制作疲るるところ、時に料亭に走っては席上酒を置き、案(つくえ)を叩(たた)いて声高らかに唄ったもの、

谷中鶯　初音の血に染む紅梅花
　　　堂々男子は死んでもよい
奇骨侠骨　開落栄枯は何のその
　　　堂々男子は死んでもよい

天心が作とする。言う勿(なか)れ、書生調にして高雅の致(ち)なしと。当るもの悉く三十歳前後の壮年期、謂(い)うところ書生の境地に在る。徒らに高雅を期せずして書生の意気を喜ぶ。貧に甘んじて売るを求めず、一途猛進只管(ひたすら)に期するところに至らんとす。日本美術院創立当時の意気、挙げて一にここに存した。天心の偉らさを観る。

一一　新画樹立を提げての奪闘

挙げて生気みなぎる

次から次と新境開拓を叫んで一所安住を潔しとせず、その開拓に進む時は百難意とせず力群を絶す。それが概して天才の人の通有性でもあるが、天心の在るところでもあった。今や寸鉄を帯せずして企図せるところの日本美術院創立の大業を遂げて、痛快淋漓たるを覚えたであろう。朝は明るを遅しとして登院して院務を視る。自らの室とするところ、和漢洋の書冊所狭きまでに飾って中央に座を占む。名実共に一城の主たり。門下気鋭の俊秀また師の心を心として登院の早きを競わんとす。かくて昨日までは藪鶯の囀った静閑の境、谷中の初音町の一角、今は天を突くの意気燃ゆるをさえ覚えるところともなった。

開港地横浜に生れ、国文・漢字を知る前に、先ず英字・英文に接し、外人教師に育くまれて成長したのが天心であった。時は恰も世を挙げて欧米の物質文明に驚嘆し、善悪無差別に唯我が持てるものを捨てて彼に倣わんとするの風をなせる際に当って世に出た、それが天心であった。而してそうした環境に包まれながらその環境に同化せずして亢然として大勢に抗し、自らを知れ、己れの持つものの尊さを観よ、自ら持せるものを発揮して、我の彼に勝れるを示せと、発憤蹶起したものがまた天心であった。天心をして克くここに至らしめたものは何か。基づくところは橋本景岳に出たところもあろう、更にフェノロサやビゲローに受け、また狩野芳崖に得て奪うべからざるものとまで発展したと見ても大過はなかろう。今やこの見識と信念とを持して、これを実現し得べき自己の城郭日本美術院に立った。おのずからなる痛快さも覚えたであろう。颯爽たる意気を内にして一鞭高く挙げたところともしよう。

画家たる前に、美術家たる前に、まず日本人たれ、東洋人たれ、己れの持つものに、他に超えたる優秀のものあるを知れ。その伝統を今に活かして新時代に添うべき新美術を創開せよ、これがためには圏外のものも採って資となるものは進んで採れ、偏狭に堕するな、後れるな、成型を追うなかれ、我が蔭を踏むなかれ、要は守るところを知って主客を過まらざるにあり、目指すところは時代に活きて吾れ自ら古えを成すにある。

それが機ある毎に、語を異にし要を摘み、美術院全部に対して天心の説くところであった。絵画に対しては、更に最も江戸中期以後風をなせる師資相承の流派芸術の陋弊を痛撃して、絵は偏に理想に活き精神を保持して初めて生命あるもの、徒らに技巧に走るな、形骸を追うな、と誨えた。雅邦はこれに対して「こころもち」なる言葉を以て応じた。その他、いずれはあれ、言に聴いて、今更の如く、決意を新たにした。器の異なるところ、受ける上には千差万別ありとするも、溌剌たる生鮮の気の動くに通じて、院内には活気の漲るをさえ覚えしめた。その間に成る作品のまた在来のものとその類を異にしたものであるべきことも当然としなければならない。

続開せる展覧会

それら作品の発表機関として、春に秋に定期的に開かれる日本絵画協会共進会と日本美術院展覧会の共同聯立のもののあることは前にも説いたが、日本絵画協会は、日本美術協会から離れて結ばれた日本青年絵画協会の更に発展したものであって、初めから天心が手にかけて育て上げたものである。日本美術院と異なるところは中堅幹部が美術学校関係を持たなかったというだけのことにある。今は日本美術院の外廓といえば外廓でもあるが、一心同体であるとすればまたそうも言い得るものともなった。玉堂・丹陵・年方・半古・永洗・文挙・華邨などが、これに属していた。又これあるがために栖鳳や芳文・翠嶂など京都方面の出品を迎える上の利便もあった。兎も角もこの聯合展覧会が今は当時の日本の新画壇の作家全部を糾合（きゅうごう）しての斯界最大、寧ろ唯一ともいうべきものであった。日本美術院の新たに成るところ、翌三十二年(一八九九)の一月には、通常作品陳列以外一歩を踏み出し、当時に文芸新聞として定評のあった『読売新聞』と連合して東洋歴史画題募集の計画を発表し、天心と雅邦を審査委員として案を一般に募るというようなことにも出た。これには当代学界の重鎮と知られた前帝国大学文科大学教授の外山(とやま)正一博士までが率先応募、その提出せるところの素盞嗚尊(すさのおのみこと)を以て第一席に推されるということになって世論を湧かしめた。前年大観の「屈原」あって歴史画論の行われた直後でもあり、再び歴史画論はまた文壇に蒸(む)し返って再度の花を咲かせた。高山樗牛や坪内逍遥・綱島梁川(りょうせん)・長谷川天溪、それに三宅雪嶺など、『太陽』や『早稲田文学』や新聞『日本』やに拠って、それぞれ論議を闘わしたものであった。作家としては、当てられた素盞嗚尊を雅邦が辞したために大観が代ってこれを描き、「鬼神之徳」(西行)を観山、蓮如を広業が描いて陳列した。続いてその翌三十三年(一九〇〇)の春には、また音曲画題を題材としての作画も試みたが、これは絵に適せずとして非難多く、歴史画題ほどの注目は惹かなかった。

如何に世評を湧かしたとしても課題作品の陳列は、畢竟するに展覧会としては従の地にあるものであって、主たるものではない。座を本拠に占むるものとしては、各自が半年・一年の研鑽努力を重ねての後に成ったものの初めて公表して世に聴かんとするものでなくてはならない。それも限りないまでに数は多く陳列されたが、当時においては未だ後世の如く鑑査整理の加えられたものではなかったので、玉石混淆して寧ろ結果としては充実感の乏しいものともなった。一面においては、それだけにまた勝れたものの際立って光輝を放つ効果も将来した。中にも最も注視もされて世評も呼び、毀誉褒貶に包まれて時代の問題とまでならしめたものは、大観と春草が、主として天心が意の在る所を胸に受けて起ち、勇敢に猛烈に、一挙にして新時代の新絵画を樹立せんとした急進態度から生れ成した作品であった。芸術は感情に愬うるもの、感情に愬えて効果あるものは線条にあら

没線主彩の描法

ずして色彩にありとし、在来日本画構成の主要地位を占めた線条の行使を棄て、色彩のみをもって、それも顔料以下一切の資材、悉く日本画元来のもののみを用いて、それを絹本の上に試み、もって洋画のなすところまでこれをなし遂げて、更に洋画を圧倒し、もって新時代に処しての、東洋画伝統の基礎の下に正しく活きた日本画の開発を敢えて達成しようとするところに出発の根拠があった。それだけに、その作られた絵画は、いずれはあれ、これまで多くのものが見慣れた日本画、その当時の日本画に比すれば著しく異なる感を呈するものの多くなったこともまた当然の帰趨であろう。

雲中放鶴其の他

大観の「長城」に「朝顔日記」、春草の「菊慈童」などは明治三十二年(一八九九)の春にまず展覧会場に公にされたもので、続いてその秋の展覧会には、また大観の「木蘭」と、春草の「雲中放鶴」が出陳された。いずれもこの主張から出発して没線主彩の描法をもって試みたものであって、在来日本画の上に幾分等閑視されて来た色彩感をもって端的に観者に迫って人を導き、

冷嘲悪罵の渦

朦朧派の悪名

観山の態度

更に濃淡によってかもし出された気分に浸り芸に楽しむ境地に入らしめようとせるもの、「雲中放鶴」の如きはその意味に於て最も成功したものではあったが、それにしても、理解をここに保って共鳴するものは少なく、一般社会は概して怪訝の眼をしばたたくもののみが多かった。やがては化物絵と譏り、泥絵と罵るものまでできたが、更に画面全体が朦朧感に打たれるという所から朦朧画と嘲り泥絵と譏り、日本美術院一体の絵を朦朧派と呼ぶほどにさえ至った。

等しく開発転化を試みるとしても、これほどまでの急進態度を取ることを避けて、身に持つ優美典雅の色彩表現の手技を、線条の駆使と共に程よく活かして、作品の上に清新の気を盛り、漸進妥協といった態度に出て特殊の成績を挙げたものには別に観山あり、明治三十二年(一八九九)秋の展覧会に出品した「日蓮」、同三十三年(一九〇〇)春の「修羅道」絵巻、同じく秋の「大原の露」などをそれぞれの作とする。「大原の露」は、寿永の昔、京都の郊外大原に隠れた建礼門院の姿を描い

松園女史の絵

たもの、日本美術院もその優秀を認めて初めて金牌を附した。京都の女流作家上村松園が遥かに京都から、花はずかしい京の花嫁姿を﨟たけた母なる人と共に写し出した「花ざかり」の一点を寄せて、東の京の人々に深い印象を留めさせたのもこの時の展覧会である。松園女史時に二十一歳、自らもまた画中の人そのままの花ざかりであったと当時にさまざまの語り草を湧かしめた。すべて明治三十二年から三十三年というこの頃が、開院の直後を承けて日本美術院もまたそのままに花盛りであったのでもある。

地方巡遊

かくて日本美術院がその開院以来、その所在地である中央都府にあって、春に秋に、次々に盛大な展覧会を続開して制作品を公示し、主張を明らかにすることに努めたが、それと共に又それらの作品を提げて地方を巡遊し、これまで、こうしたものには実際的に唯の一回も接し得る機会をさえ持ち得なかった場所に、初めて甘雨を降らして文化の上に目覚めることに力めたことも、美術院の一般的文化の発展に貢献した一つの大きなものであったとしなければならない。開院の翌月、即ち三十一年(一八九八)の十一月二十日から三十日までの十日間を、東北の大都市仙台に赴いて五城館倶楽部を会場に、東京の陳列品の大部分を陳列供覧したのを地方開会の第一歩とする。その際は県知事に千頭清臣あり、軍部に大沼少将のあった所から、天心も雅邦と共に大観・広業以下を率いて大挙して下った。美術品といえば、新聞紙上の活字によって知識を得る以外に道のなかった地方において、思いも寄らずこの盛観に接したので、人を挙げて歓呼して迎えた。有志の間には歓迎会も開かれた。会場には来観者も充実した。地方の文化的に目覚める上には容易ならぬ効果を齎らした。それにしても分院設置も声だけで事実的には実らなかった。資金募集もまた声だけの問題で、その後には何等の進捗を示すものではなかった。

仙台開会を終えてその後は、更に北に進んで、盛岡から秋田、大曲から横手と、順次に巡歴し、同じように開会を遂げて、第一回地方巡歴の計画は滞（とどこお）りなく終りを告げた。

近畿から西国

翌三十二年（一八九九）には、まず西に進んで、二月に広島と福岡に開会し、天心も作家と共にしてその地に下り、その機を利して講演を試み主張を明らかにした。越えて四月には大阪に、五月には横浜に開会した。観山が名作、琴と三絃を手にした元禄美人の二曲一双の出品のあったのはこの時のことである。三十三年（一九〇〇）から三十四年（一九〇一）には、又、中部に出て、岐阜・新潟・前橋、更に近畿では、神戸・岡山・津・和歌山・高松等にも亘って、それぞれ開会を遂げ、交（かわ）るがわる作家もこれに伴って連袂（れんぺい）巡遊し地方有志に接触、交歓に力（つと）めた。

地方の驚異

地方においては、交通機関も不便であった当時でもあり、政治運動などにこそ中央の名士を招いて演説会の催しをなすことなどはあったが、文化運動、それも多数の美術作家を東京より招き寄せての展覧会開会などいうことは全然不可能の

天心またよく努む

こととして何人も夢寐にも考えるところではなかった。それを天心は進んですべてを努めた。自らも往けば、斯界の精英を相携えて赴き、地方有志に接触もした。正に破天荒の盛事と感ぜしめたでもあろう。地方文化の開発の上に直接、間接甚大の効果をもたらしたことも事実である。そうして日本美術院は遂に期するところの何ものをも得られなかった。謂うならば身を殺して仁をなせるもの、地方はいずれはあれ、この点に思いを致して日本美術院に感謝すべきである、天心に感謝を捧ぐべきである。

一二　早くも到った秋風一陣

日清戦後の国内状勢

日清戦争を経て国際間に国の位置も高まり、世は挙げて洋々たる気に瀰った。条約改正に関連しての内地雑居の論争や、対外硬の主張などいうことも何年か前の夢と去った。それにしても美術界には、この際において洋画団体白馬会の活動新たに起り、延いては裸体画問題なども、芸術論と風教論と立場を異にしての論難もあれば、「日本画は純美術にあらず」ということさえ一隅には提議するものもあった。欧米追随の空気はなお随処に相当にわだかまっておったのである。日

新時代の計画樹立に邁進

本美術院の新日本画樹立の運動はこうした時期においてのことであり、没線主彩の描法はこれを実にするための主張である。要は、一糸の微も洋画の材を藉らず、在来踏襲し来れる純日本画の資料のみを以て、洋画の生命と誇る四時空気の変化

美術院の所作一般的に理解されず

から朝夕の情趣まで描出を遂げて以て彼を圧し、国粋美術の優秀さを如実に示して世界の上に覇を制せんとの国粋主義からの出発であったが、なすところは余りにも高踏的であり飛躍的であったがために、一般社会にも美術界にも諒解することは出来得なかった。およそ在来の日本画のなさざるところ、画面全部に地隈（ちぐま）を施し、適当に濃淡まで加味して、まずその描かんとするものに適当なる気分を盛り、その上に凡そ一切の線条を斥（しりぞ）けて、唯色彩の変化と濃淡とを程よく分置按排してそれによって図を作り期するものを表わそうとする、そこにはおのずから寒暑冷暖、春夏秋冬、あるいは朝夕の異変感応も表われれば、また情緒の纏綿（てんめん）から気分の変転までも一切は図上に彷彿（ほうふつ）することを力（つと）めた。まことに到る所にまで到り得ることを期してのものではあるが、それにしても、一般が前年までも、将（はた）昨日までも見慣れもし、知り慣れもして自然肯定に入っておった今までの日本画、江戸時代以来形式に堕（だ）した日本画とは凡そ異なるものであったがために、まず異様な感に打たれて、不可解千万と驚いては、これを以て洋画の模倣となし追随と譏るものもあれば、千年の歴史を有する我が国画を亡ぼすものであると観るものもあり、深憂を懐いて痛心するものも少なくなかったのも無理ではない。それがまた、面白半分に泥絵と嘲ったり、化物絵と罵ったり、一概に冷笑をもって対する一群と、実際的においては合流するようになった。結果としては世間を挙げて殆んど味方はなくなって来たことにもなった。大観や春草一派の絵を主として、延いて日本美術院の絵画全部はこの悪名に蔽われ、四面楚歌に包まれる境地に立つに到ったものである。

大観と春草の奮闘

それにしても、決然志を立てて起った大観や春草やは、冷嘲悪罵渦をなして迫り至ったとしても、それによっていささかのひるみも躊躇も観せなかった。温衣を着け、美食を採って大事は成し得ない、死ももののかは、道のためには生も期しない、一身は唯これ芸術に捧げるのみ、見解群を絶せる恩師天心に奉ずるのみ、過(あやま)って倒るれば、それも詮(せん)なし、幸いにして、これによって新日本の新美術樹立の上に道を開き得れば即ち我が事足ると、それがまことにこの時この際の彼らの意気であった。この意気を帯して奮進これ努めた。春に秋に正しく開かれた展覧会にその作品を出陳して世に問うたのは言うまでもないが、研鑽(けんさん)なくして進歩なく、論難尽くさずして道は開けないとしては、毎月、日を定めて院内に開かれる互評会や、研究会の席上にも、必ずや研鑽を試みて描成(びょうせい)せる作品を提出して衆評を聴き、己れに資せんことにも勉(つと)めた。熱意動くところ青年作家の感激を促すこともまた当然の事でもある。院内の青年作家は翕然(きゅうぜん)としてこれに動いて、挙げてその画風に追随するようになった。

青年作家の追随

評壇亦概して不評

初めこの手法を以てせる一作・二作を試案として展覧会に示した時は、評壇は概して奇抜と挙げ、旺盛なる研究態度の表現として賛評を呈したものであったが、二回・三回と繰返されるに随って、論壇の空気も漸次に悪化し、春草の「雲中放鶴」の一作の如き、この主張をもって一応の成功を遂げた一名作でもあったが、一『読売新聞』がこれに対して賛評を捧げただけであって、他は悉く冷笑か悪罵かをもって迎えるの態度に出たものであった。独りこの一作といわず、概して没線主彩の描法をもってしたもの、全体に模糊陰欝の気分の漂うを観るところ、朦朧画なる悪名をもって呼ぶに至ったところでもある。三十四年(一九〇一)の春には大観に「老君出関」あり、春草に「蘇李訣別」があったが、この時、天心は春風道人の名をもって長文の論評を『読売新聞』に寄せて展覧会批評を試み、その批評の内に、春草の作画態度を評し、更にそれに藉りてこの主彩描法に拠る絵に対する見解を発表した。

天心の展覧会評

批評は「第十回絵画共進会 日本美術院展覧会 出品概評」の題名の下に連載数日に亘ったものであって、まず初めに緒論として画壇の大勢を論じ、徐ろに各論に入って、雅邦に始まって観山・広業・孤月等々三十九家の作品に就いて細密に亘っての論評批評を下してあるが、大観に就いては「奇想天外より落つ、毎回人を驚かすもの横山大観なり、〃屈原〃一たび出てより、高邁雄偉の新思想を画界に紹介す云々」と挙げ、春草に就いてはまず宗達・光琳によって成功せる着色画の独立を山水・人物に及ばさんとするものとしてこれを推し、進んで朦朧画に及び、

朦朧画に対する批判

然れども強いて酷評を試むれば概ね模糊黯淡として陰欝の風あるを免れず。謂ゆる朦朧体の文字の出づるその故なきにあらざるべし。思ふに春草の開展せんとする新画風にありては、其の没骨的の描法に便せんとするに煙雨を仮り霧靄を用ふること自然の結果なるべし、されども、これが為めに我が日本画の特色たる明快の観念に遠ざかるを免れざるを如何せん。この没骨的の新画法は必ず烟雨を藉らざるを得ざる歟、必ず霧靄を用ひざるを得ざる歟、模糊たらざるを得ざる歟、果して明快なるものを作る能はざる歟、これ等の事、一考を要すべき値なしとせんや、春草の為めにこの感を懐くや深し。

とし、最後に概括して、

曰く奇なることを恐るゝ勿れ、怪なることを憂るふ勿れ、奇なるも佳し、怪なるも佳し、奇ならざるも佳し、怪ならざるも佳し。生存の秘訣は新境遇に応ずるの変化力に在ることを忘るゝなかるべきのみ、

と結んでいる。新描法に対する天心が懐きし所を知るべきである。

美術院の苦境到来

論難の筆のかまびすしきところ、罵倒の声の渦まくところ、人は好奇の情に駆られて、兎にも角にも日本美術院の展覧会は来観者の多きを迎えたが、それはそれだけのことであって、好意ある後援も来らなければ、同情を寄する人さえ少なかった。元来、日本美術院は単なる熱情の凝結によって成立したものともいうべく、適確なる基礎に立ったものでもなければ、経営に成算のあって進んだものでもない。快を一時に叫んでも、資産の乏しきところ永続に途はない。天心は希に有るの天才としても経営の才ではない。困厄日に加わって明日を計る案は立たな

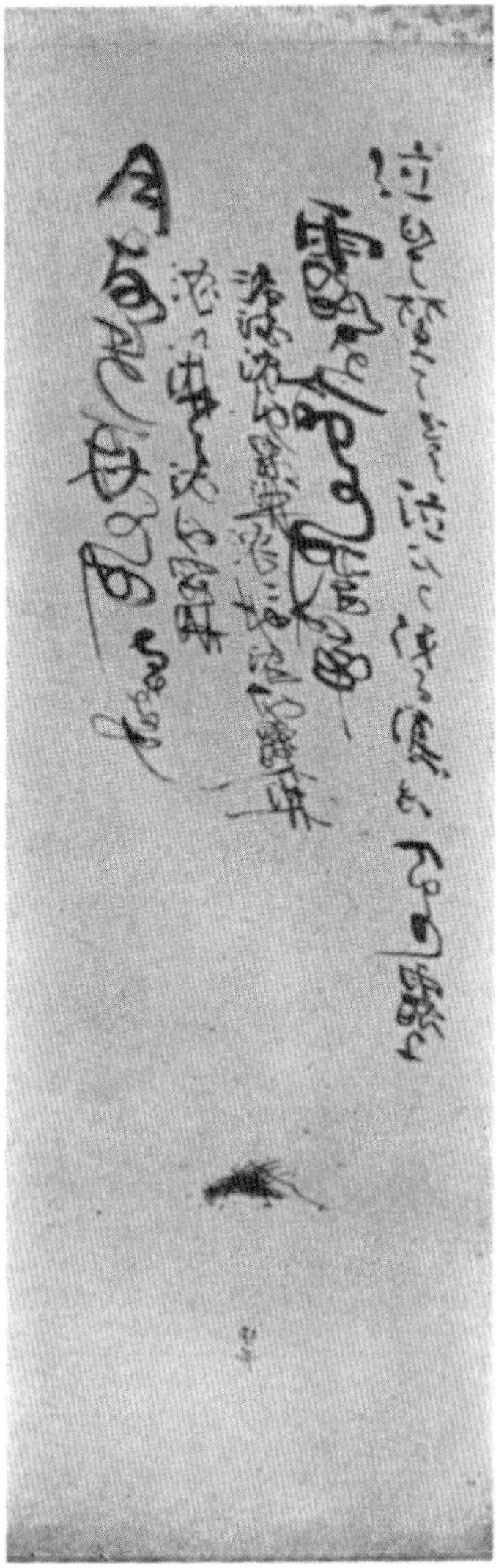

泣ひて笑てまた泣ひて残る涙が命の露よ
露を命の蟋蟀（きりぎりす）
沈沈沈地露淋（ちんちんちんちろりん）　沈々地　沈地露淋
沈々淋々（ちんちんりんりん）　沈地露淋
月なき秋のやるせなや

広業・観山の美術学校教授就任

大観・春草不満

鬱悒交々到る

い。倦厭の情内にきざして徒らに悶々の日は重なる。この時、会々東京美術学校長には正木直彦が新たに就任して、日本美術院の正員を教授に迎えたき意を通じ来った。裏面にはまた何等かの交渉もあったであろうなれども、兎も角も天心はこれに応じて、広業と観山とを日本美術院正員のまま東京美術学校教授に送り、両人は任に就いた。実に三十四年（一九〇一）の八月とする。大観と春草はこれを観て憤懣禁ぜず、直ちに去って相携えて北陸から北海道に及んでの長途の旅に出た。孤月はすでに特殊関係を持った雅邦と協わずして去って放浪の旅に上った。川崎千虎は愛知県工業学校の教職に就く、鞆音また美術協会の旧蘆に赴く。乱離混沌として日本美術院は秋風の落莫たる境地に臨んだのである。天心が日常も、不満散ずるに由なきところ、常規を逸してただ鬱悒を酒に慰し、家を外にしては妻子とも別居し、乱倫を誹謗するもの外に起れば、内からも機関雑誌『日本美術』は「哀悼革新」の特輯号を出して悲痛の辞を連ね、これに応ぜんとす。天心がこの時に在ること一日多ければ一日の苦でもあったであろう。その際において、会々(たまたま)好機の招かざるに来るものあり、天心は咄嗟(とっさ)これを捉(とら)えてインドに向った。兎も角も一日にしても苦々(にがにが)しき現場からは遠ざかるを得ることになった。明治三十四年(一九〇一)の十二月である。

天心インドに去る

天心が広業と観山を美術学校に送った歳の秋、大観と春草とは憤懣を内に包み長途の旅に出て展覧会に出品しなかったが、翌年は想い直して、大観は春に「茶々淵」、秋に「迷児」、春草は秋に「王昭君」を描いた。「茶々淵」は天竜川の急湍(きゅうたん)、船上の人々はその地によって戒心の種々相あるを図せるもの、「迷児」は少女を中央に、老子・孔子・釈迦・基督(キリスト)を周囲に配せる図、美術界の前途の迷いを現実に示せるもの、「王昭君」また清廉(せいれん)の故に誤り択(えら)ばれて胡地(こち)に送られる悲哀の美人、共に一意専心、天心を思い、美術院に尽せる両者のこの時の境涯の披瀝(ひれき)である。切々の至情迫り来るを知る。

一三　国外に求めた別天地

一　一途インドへ

天心が常に心にしたインド検討

夙に日本の古道を窮め、進んでは中国の奥深くまで踏査して東洋文化発展の径路を探る上に力を致した、それが天心である。今は更に溯ってインドを究めなくてはならぬとは、その後において絶えず胸奥に来往しておった希望であったろうと察せられる。沈滞振わずなりたりとするも、かつては老子を生み、孔子を生み、更に六朝から唐宋の文化を形成した中国には、今においてなお底光るものあるのを観た。一世の大宗教たる仏教を創めた釈迦の出たインドは、徒らに腑甲斐なき民衆のうずくまる土地と化したのであろうか、なお潜む正気を丹田に持せるものあるや否や、学術的研究に兼ねて、そうした方面の洞察も遂げたい。そうした冥想の常に動いておったであろうこととまた推想に難くない。然るに今や満腔の熱誠を傾け、遠大の計画を立てて景気よく発足した日本美術院は、事志と違って早くも挫折の状態に陥った。煩悶処するにところなく、酒を藉っては欝を散じ、埒を越えては気をまぎらす、幸いに機あらば現実から遠ざかり、あるいは寧ろ祖国の外に出でてさえ一時を韜晦したいという気分の動く時の到来したものでもあった。折から世界の大勢もアジア大陸の上に眼を注ぐことと日を重ねて風をなし、西本願寺の大谷光瑞一行のインドの仏蹟歴訪の計画なども大きく取沙汰されるに至った。これらも天心の心境の上には一段と大きく反映もしたであろう。インド方面への意図の益々切なるに至ったことも蓋し当然の帰趨といえよう。恰も好し、その時、かねて日本美術研究のために来朝して毎週一回天心が自宅を訪ねて日本美術史を聴いていた英国の老嬢ミス＝マクラード Macrard が急遽インド経由帰国することになったので、これを好機として天心も咄嗟意を決してこれに同行することとし、何分の旅費は、内務省の遺蹟保存法調査の用務という名義をもって調え、インド滞在中のことはまたその際の工夫として、側近のものにさえ何人に諮ることもなく、急遽東京出発、その途に就いた。海外旅行免状の如きも、日を空費して待つの余裕さえなかったので、外務省に対し下附要求の手続きを取っただけで東京を去って長崎に赴き、出発の前日、時の長崎県知事荒川義太郎の手を経由して長崎において入手したというほどであった。かくて明治三十四年（一九〇一）十一月二十一日、長崎出発、インドに向った。

随処の歓迎

同行のミス＝マクラードは途中シンガポールに上陸したので、それから後は天心唯一人、アップカー線の汽船に乗り、一路西を指して進み、コロンボに立寄り、トゥティコリンを経由して、十二月の末にマドラスに着き、同地有志の歓迎を受けて越年、歳改まって明治三十五年（一九〇二）の一月三日には、ラムナッド国王の

ウィヴェカンナンダと会見

午餐(ごさん)に招かれ、食後在来外人の入るを許されなかった寺院内部の見学をも遂げたが、その翌四日の夜は、北天竺シャガルナット寺を訪ねて一泊、一月十日一応カルカッタに帰着して府外の巨刹(きょさつ)ベルル寺に入り、インド不二宗門の碩学(せきがく)ウィヴェカンナンダ Wivecannandah と会談して、大乗先小乗論や仏教とヒンドゥー教の関係等、その究むるところの甚だ深きに敬意を表して傾倒するところあり、日本連行も胸裡に湧いたものの如く、直ちに書を裁して祖国に致し、同郷の学僧織田得(とく)能(のう)に説くに至った。得能は日本において天心の書を得、一読感に耐えず、匆々行李を整え二月二十二日丹波丸に塔乗してインドに赴き、天心及びウィヴェカンナンダと会談して二ヵ月滞在の後急いで帰朝した。その間のことは詳(つまびら)かにすることを得ないが、天心帰朝直後、得能と相計って立案した東洋仏教大会開会の計画はこの時に胚胎(はいたい)した事と思われる。

当時のインドは英国の羈絆(きはん)の下に喘(あえ)いでいた時ではあったが、世界最古の文化国であったことの誇りはその国人の胸奥に深く包んでおったことは想像するまでもない。そこに新世界における日本の地位の日に高まる現実を観ては、おのずから感興の湧くを覚えたでもあろう。その際においての天心のインド来遊であり、

好んで求めた青年との会談

独特な激越な弁舌をもっての講述である。人は争ってこれを聴かんとし迎えんとするに至った。天心は機会ある毎に、特に好んで青年の会合に請ぜられ迎えられるままに、紋服・袴・草履ばきの日本服装をもって喜んで臨んでは、激越な語調をもって覚醒と奮起を促した。衆望は彼らの間に湧いたもののようであった。特

タゴール一族の好意

にそうした歓迎者流の間にベンガルの豪族タゴール Tagore の一家があり、延いてこれを客として厚遇したことは天心のために得がたき幸運の到来であったとすべきである。後年世界的詩人として謳われた白髪白髯のラビーンドラ＝ナート＝タゴールもその一族であって、当時壮齢四十一歳、天心より長ずる僅かに一歳であって、互に深く相語らって意気の投合を見たといわれる。またこの時に於ての相

互の一収穫でもある。
天心はタゴール家と相知り、これを本拠として附近の名勝や旧蹟を一通り巡遊

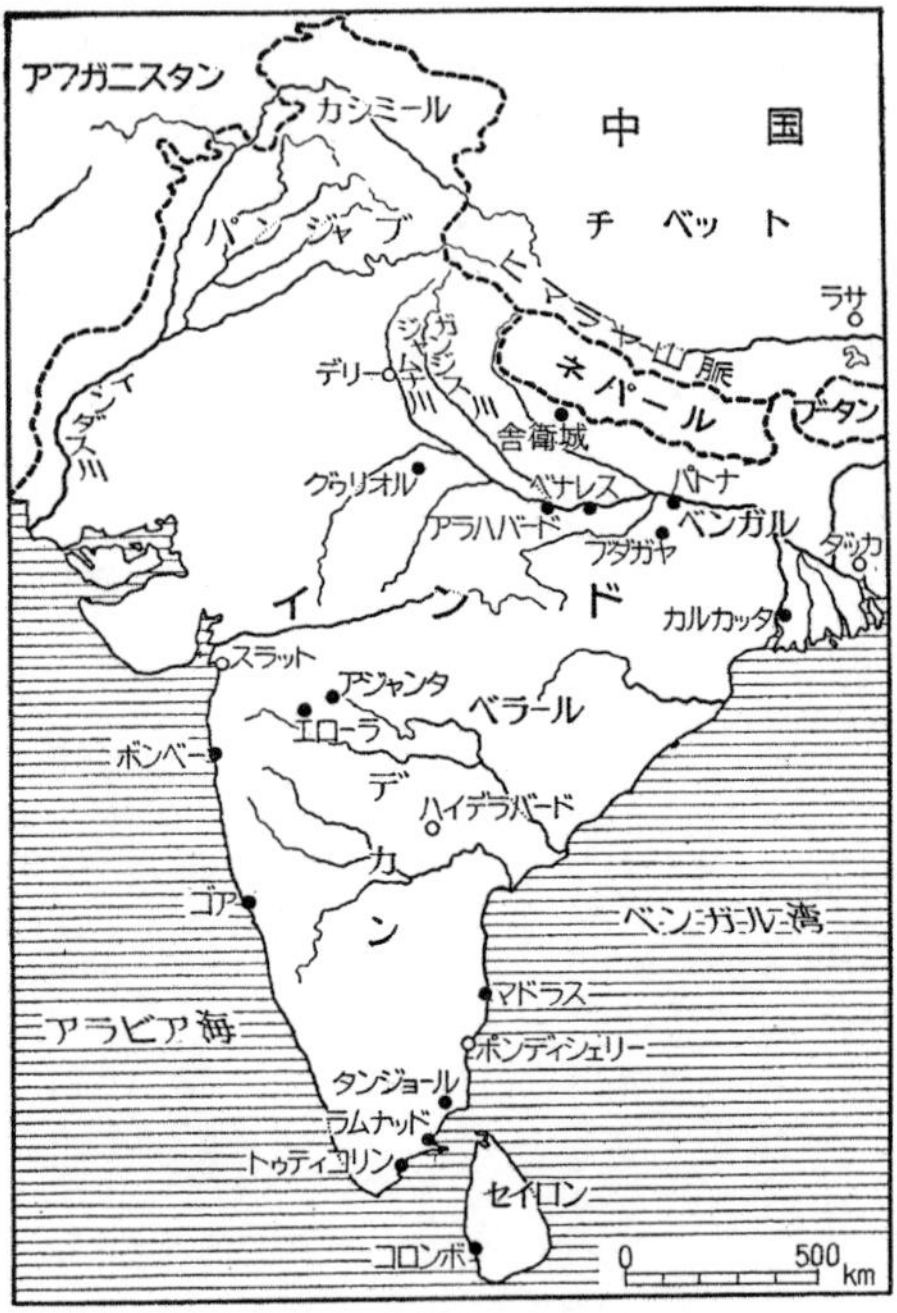

岡倉天心のインド旧跡巡遊関係図

する便宜を得たが、それと共に滞在漸く時を重ねて、芭蕉の果や、また柘榴・椰子などの果も食い覚えて異土の日常生活にも慣れ、都会を遠ざかった辺地に赴くにもほとんど不便を感じなくなったとい

われる。かくて古（いにし）えの波羅奈（ベラナ）城として仏陀の初説法の旧蹟と知られたベナレス府を訪ねては、過ぐる昔の文物遺蹟の雄大さに驚き、古代ローマも及ぶべからず、パリやロンドンの如きは児戯（じぎ）に等しと感懐を洩らし、タンジョール王離宮の一室に一夜を休（やす）めて、直ちに西インドに向い、進んでは海抜七千尺、ネパール国境を巨（へだた）る四〇マイル、ヒマラヤ山を隔る六十マイルの英領インドの最北端麻耶跋（マヤパッチ）池までを極めたが、昼は象の背に身を托して路を進めながら猿や鹿に遮（さえぎ）られたこともあり、夜は虎の叫ぶ声を聴いて寝に就いたこともあり、つぶさに異境の風物を心ゆくまでに味い、更に西蔵（チベット）までもと期したが、それは断念して入らず、踵（きびす）を回らしてアジャンタの壁画からエロラの石窟を探り、ボンベーから五河（パンジャブ）地方を経て、グヮリオル・アラハバット・仏陀伽耶（ブダガヤ）・舎衛（シャエ）城（シュラーヴァスチ）に至り、再びカルカッタに戻った。この時会々（たまたま）英国婦人にして新興インド教信者としてインド滞在中のニヴェダイタ Nivedita やまたノールウェーのオリー＝ブル Org Bour 夫人とも相知って交歓したことは英文新著『東洋の理想』の公刊の上にも大なる便宜を得ることになった。

帰朝

かくて略一ヵ年をインドに送って、カルカッタの豪商の一子マリック Malic なる一青年を同伴して帰国の途に上り、十月三十日、欧州航路の郵船神奈川丸に搭乗して神戸に帰着した。薄鼠色インド木綿の着衣に、同一形式の被布を羽織り、インド式の被りものを戴いていた異様の風装であったこともまた人を驚かしめたといわれる。マラリヤ病にかかっての直後とあって、神戸に静養一ヵ月を送って東京に入った。

大学での講演に気分颯爽

インド巡遊八ヵ月、研究の結果の学術的見解の第一回発表は、帰朝一月有余ヵの後の十二月十二日、東京帝国大学の史学会講演において発表した。重野安繹・坪井九馬三以下当代の碩学の打揃って聴講の座席にあったことに限りなき愉悦を覚えたもののようであった。在来、英国の学者のインド研究の結果として発表されておった定説なるものに一矢をむくい、その特殊の美術発達の径路につき四期に分って講説するところがあった。それを学術的研究の発表とし、更に一般的観察の所感としては、在来インドは腑甲斐なき国民のみの居住するところの如く言われておったが、実際的には国家建設の希望に熱するもの多く、同時に日本に対し深い敬愛と景慕の念に燃えるが如きもののあるのを痛感したと報告するところもあった。

日本美術院末路に入る

インド滞在中、織田得能と謀り、明治三十六年(一九〇三)の春を期して、東洋仏教大会を日本に開くべき計画は、ある程度その歩を進めるところもあったが、輿論の同調を得ず、遂にこれを実現に導き得ることが出来なかった。

天心不在中、日本美術院展覧会は恒例に随い日本絵画共進会と連合して日本美術院を会場として春と秋との開会を遂げたが、萎微振わず、言論界は筆を揃えて、

衰へたる哉日本美術院、耄せる哉日本絵画協会。(『読売新聞』)

とか、

洋画模倣の誤謬未だ矯正されず。(『朝日新聞』)

とか、又は、

理想主義に奔つて現実の研究足らず、随つて精神亦没了せり。

(『太平洋』長谷川天溪)

とか、いずれはあれ非難の声のみ高く、人をして末路の感の切なるを覚えしめる情勢に落ちた。この間、大観に「迷子」の出品あり、春草に「王昭君」の出品があったが、これも現実に、絵を以て美術院の実態をそのままに説明したものとも観られ得べきものとしよう。

二　英文著書『東洋の理想』

インド滞留八ヵ月、啻(ただ)に悒鬱(ゆううつ)な気分を一掃したというばかりでなく、在来一般に生動の気なき国民の蝟集する所であるように言われていたインドが、思いきや憂国の精神に燃える青年の多くあることの現実に接して、おのずから自分でも意気の昂るをさえ感じたほどであった。更に親しく古跡名勝を歴訪して、アジア文化の特殊性の偉大さをも感得しては悟るところもあり、西洋考古学者の所説には真向から抗議を吐くべき確信も出来て、ここに「亜細亜は一なり」の学説を肯定せしむべき理論的基礎も得たが、それと共に将来事を成すべき地はこの地なりとの野望も、あるいはこの時において心の底深く動いたのではあるまいかと想われないところもない。所期のものは達し得なかったが、東洋仏教大会の開催を計画したことも、横山大観と菱田春草とを、帰来早々彼地に送ったことも、いずれも皆観じ来れば徒らに単純に解釈すべきだけではなかろうやに思われる。

インドに得た感想

いずれはあれ、インドの周遊によって、天心はある程度の気分の転換をも得て帰来したのであったが、帰来して足一歩本土の地を踏めば、まず眼に映じたものの日本美術院の惨澹たる窮状であったであろうことはいうを待たない。さりとてこれは今においてすでに救うに途のないところにまで至ったものである。眼を蔽うこと以外にはなすべきようもない。在印中に起稿して出版を托し来った英文の処女著作は已に公刊の日の近きに迫って来てもいる。自ら到らしむべく説き勧めた大観と春草とのインドへの出発も翌春一月と定まって、これも日は迫っている。匆忙(そうぼう)として処すべきことは次から次へと続く。加えて自らの内政も敢えて余裕を得るに至ったというのではないが、それでも渡印前の窮乏状態からは脱した。そうした間に歳は更(あらた)まって、明治三十六年(一九〇三)の二月を以て処女作"The Ideals of the East"(東洋の理想)の公刊は滞(とどこお)りなく遂げられた。吉報は耳に接して来る。五月にはまた、茨城県の北端、常陸の五浦(いづら)なる太平洋に臨みて自然の一区画を形成する景勝の地を得るの機会を得た。これも悉(ことごと)く意に適(かな)って、直ちに在りしままの陋屋(ろうおく)を修理して居住となし、往(ゆ)いて愉悦の日常を送ることにもなった。

十一月には更に令嬢高麗子(こまこ)を好縁があって鉄道技師米山辰夫に嫁せしめて、最も安泰の感に浸り得る時を迎えた。その新婚旅行も五浦に試みしめたが、一再ならず長文の書翰を送っては、豪放俊烈の天心にこの一面ありやと思わしめるまでの

父性愛の発露

こまやかなる父性愛の発露を見せてもいる。

　人生は天然の誠を保つ外之れなく……

といい、

　父も理想に捿み、其の理想も幾たびか破れて、今は世にもあられぬ身なれども、当初よりの天然の誠に至りては終始一貫のつもり、古今万国の道も此外にあらずと存候。

真情を忘るべからず、忘るべきは真情にあらず、など説いて、天心が爛然たる心境を吐露(とろ)していること、観るべきであろう。

記憶すべき一年

一面、日本美術院敗残の醜状(しゅうじょう)、眼を蔽うものありとするも、他面、勝地五浦

を有に帰し、愛嬢高麗子に好縁を求め得て結婚を遂げ、更に新著『東洋の理想』の公刊を完うす。インド帰朝直後の一年は、蓋し天心が一生において最も記憶しなくてはならない特殊の一年であったとすべきであろう。

ニヴェダイタ女史の推奨賛辞

新著“The Ideals of the East”(東洋の理想)は、天心が自ら筆を執って稿をまとめた最初の英文著書であって、英京ロンドンのジョン＝マレー社から出版されて世に提供されたものであるが、その巻頭には、当時カルカッタに滞在中であった新興インド教の信者である英国の婦人ニヴェダイタ女史の長文の序辞が載せられている。その序辞には、まず本書の著者たる天心が東洋考古学者としてまた美術の権威者として極めて勝れたる学識と経歴とを兼ね有するものであることを説き、進んで本書の内容が、それだけに敬重すべきものであることに就いて限りなき推奨を捧げたものであって、加えて、本書の著者は日本人であるが、全部自ら英文をもって起稿したものであることにも言及してある。これらの点から観ても、本書の英国においての公刊は一にニヴェダイタ女史の斡旋によって成ったことも同時に諒知されるが、また本書に印行されてある著者の氏名が、オカクラ・カクゾウではなく、"Kakusu Okahura"（カクス・オカクラ）と誤刷されてあることなどによってもまた出版社との間の公刊交渉が天心直接に進めたものでもなく、同時に活版校正も他に委せて天心自ら当ったものでもないことが知られる。本書を出版したジョン＝マレー社というのはユダヤ系の出版社であって、多くは変態のものの出版に興味を有し、特に東洋に関する著書の刊行に多分の好奇心を持ったものであるといわれている。

著者名の誤刷

一本は、緒論から結論まで、すべて十五章、二百余ページの小冊子ではあるが、開巻劈頭（へきとう）、"Asia is One"の一語に筆を起し、孔子の共存共栄主義を代表とする中国文明も、ヴェタの個人主義に代表されるインド文明も、一応はヒマラヤ連峯によって隔てられて発達した別個のものであるやの観を与えるが、畢竟はアジア

アジアは一なり

民族の共通せる思想感の拡がりであって、両者は一にして決して二なるものではないと断じ、宗教に基礎したインド芸術も、道徳的に発達した中国文明も、また要するに、複雑なる単一であるとすべく、この両者の伝統を取り入れて更に清純無比な風光の下にこれを保育し発達せしめて一層明快なるアジア文明の代表的成果を作り上げたものは即ち日本であると断言したところに概論の大趣意があり、また全体の要旨があるとすべきである。中幹をなしたものは日本美術史の叙述ではあるが、前段に崇高な宗教的基礎の下に発達したインド文明も、道徳の上に重要な点を盛って発展した中国の古文明も、共にアジア民族に共通せる思想・感情の拡がりであるに過ぎないと論ずるところ、また一巻の重要な点であるとしよう。

日本は東洋美術の博物館

自ら親しくインドに赴いて各地を巡遊し、遺蹟と遺構の多数に接し、これが研究を重ねてここに至った史論とすべきである。最後には日本現在のすべての方面に発達せる状勢を説き、日本こそ正に東洋美術の一大博物館たる地を占めるものであると断じ、新世界においての新たなる開発状態を叙しては日本美術院の存在の説明にも及び、己れを顧み、己れの過去を知り、自ら己れに鞭打って起てと強調し、次の如き力強き一語をもって一巻を結んでいる。ここに乱世の英雄ともいうべきか、感激到るところ山を抜くとも見るべき力の人天心の存在を躍如たらしめている。

強く結んだ一言

「内からの勝利か然らざれば外からの大死のみ」

Victory from within or amighty death without

情熱湧くところ熱火も辞せざるも、一たび倦厭来ればこれを棄つるの後るるを恥とす。天賦の文筆を身に持しながらも、気分動かざれば、重要案件すら代筆に委して意とせず。これに反して感激到るあれば徹宵筆を走らして倦まず、名文玉章また立ちどころに成る。それが天心であった。一たびインドに赴いても、接するところの青年、いずれはあれ気概壮にして意気の熾んなる、全く遠きに在って

東洋の理想と関連せる一書

想憶したところに異なる。あるいはこの実際に観て、この時この際、大アジアのために、自らもこれらと共に手を執って起たんとまでの気分も起ったであろうかにさえ察せられないこともない。この著書『東洋の理想』の外に、あるいは、これと前後して、もしくは幾分これに先だって起稿した所と思われる一稿本の、原稿のまま筐底（きょうてい）に収められて後日に残されたのが他に一本ある。『東洋の理想』の三分一程度の小冊子であって、書名は題せられず、白罫紙の表紙面に極めて無雑作にペン書きして、“We are One”（吾等は一なり）の文字が二-三ヵ所記るされてあるのを見る。あるいは書名として択ばんとした試案を書いたものであろうかと想像せられる。これが『東洋の理想』の巻頭言の“Asia is One”（アジアは一なり）となったものであることは特に言うまでもない。内容は、巻頭「亜細亜（アジア）の姉妹よ、兄弟よ」に筆を起して、まず過去における欧州各国がそれぞれ、あるいは商業の名の下に、あるいは宣教の名において、東洋に圧迫を加えてはアジアの多分の要地

インド青年の蹶起を促す

をその手に占有するに至った歴史を説き、第二段において、アジアの各国が相互に孤立して相通ぜざる為めに連立蹶起の便宜のない現状を語り、第三段において、今こそ連盟蹶起の時として「勝利か然らずんば死か」の語を用いて激励に結んでいる。疑うらくは一たびはこの書の公刊を志したものであったろうなれども、余りにも小冊子であり、且つそれにも拘らず内容は激越にして、筆端また青年を必要以上に刺戟する所のあろうを慮って、自らも発刊をさし控えたものでもあろうか。原本はそのまま天心所持の筐底にあったのを、歿後、昭和十三年(一九三八)に遺族が発見して、他二―三の小篇と合せてこれを邦訳し、『理想の再建』の題名を以て発刊して世に示すに至ったものである。その後また原文も発刊され、邦訳も『東洋の覚醒』と命題して世に出されている。

『東洋の理想』が「アジアは一なり」に筆を起してあるところ、この一書と相通ずるところではあるが、『東洋の理想』は大体において東洋美術史としての内容を盛ったもので、一つの学術的研究書としての別個の生命を保っているところに相違がある。それでも第二次戦争中には、「アジアは一なり」の一語は一般的の通語となって実質以上の多分の意味を含ましめて全アジアの大部分に弘く唱えられることにもなったものでもある。

出版当時においてこの書が最も多く送られたのは、インドであると見るべく、これに接したインドの青年は、その奇警にして熱のある独自の文章にも引かれたところもあろうが、いずれにしても随所熱狂態度を持して読み耽ったであろうこと想像に余りある。日本本土には当時においては恐らくは一本も渡り来らなかったろうと思われる。唯五月発行の雑誌『太陽』の誌上と、『早稲田学報』の誌上にはロンドン＝タイムス所載の本書批評の概略が邦訳して登載されたので、知るものには本書の発行が英国に行われたことを知った程度とする。邦訳の上版して日本に公刊されたのは、天心歿後十七年の昭和四年（一九二九）に村岡博の手に拠ってなされたものの、岩波文庫本として出されたのを初めとする。

兎も角もこの一書の刊行によって、本来日本の天心であった岡倉が、世界の岡倉たる地を作る機縁を得たものとすべく、その点から観ても、この際においての本書の発行は、天心のためにも重要の一書であったことを知らねばならない。

一四　米国の初一年

一　ボストンの厚遇

インドから帰還後の一年を、日本において、兎も角も愉悦の間に過ごして、翌三十七年（一九〇四）には、春早くも大観と春草、それに蒔絵の六角紫水と、門下生の三人を携えて渡米の途に就いた。この頃すでに日露の間には暗雲の低迷しておった際であったが、二月十日、一行の伊予丸に搭乗して横浜を出発しようとした時は、恰も宣戦大詔の喚発という記念的の日であり、同乗の船客日本人は約百三十名ほどあったが、その中に、大命を帯して英国に使する男爵末松謙澄があったので、その岳父である時の枢密院議長伊藤博文はこれを見送って船上まで来り、

日露開戦布告の日は米国へ向って日本出発の日

乗船者一同を甲板上に集めて国家未曾有の時に直面せることを述べ、非常時期に処する覚悟を促したものであった。一同はそれを聴いて、かねて期しておったところではあるものの、今それが現実に展開したのを知って、痛快味を覚えたと共に一縷の危殆さえも感じたとある。当然であったでもあろう。然るに船の本土を離れて一日ー二日、何等危惧の到るものもなかったが、二月二十日に至り、早くも仁川沖戦捷の快報に接した。船上歓喜して祝賀会を催し、末松以下交るがわる所感を述べて祝杯を挙げたが、天心は更に左記一首を詠じて志を述べた。

仁川沖戦捷の快報

万里雲濤望欲レ迷　何来殺気海禽啼
船楼一夜夢着レ剣　太白星高靺鞨西

二十二日には米国シャトルに安着、上陸後直ちに汽車に乗って大陸横断、三月二日ニューヨークに入った。一行は打揃っていずれも五所紋つきの羽織に袴着用という純和装に、黒足袋・雪踏穿きの姿で、堂々と大道を濶歩したので、日露戦

和服を以ての米国上陸

争の伝わった声と共に、接するほどの人々の眼をそばだたしめたものであった。
ある時の如き、通りすがりの二－三人連行の青年が、無遠慮に天心らに近づき来ったが、

Which-nese are you Japanese or Chinese?

「日本人かそれとも支那人か」

とやったものだ。その時、天心は極めて静かに咄嗟これに応じて、

揶揄に対する巧みなる応酬

Which-kee are you, Yankee, Monkey or Donkey?

「ヤンキーかモンキー(猿)かそれともドンキー(驢馬)か、君方はドレだい」

とやり返して平然と歩を進めたが、彼らも返す言葉もなく引き下がったというようなこともあったという。異国に在りながら物に動ぜぬ天心の面目を見るべきであろう。米国への発途に先だっては、また、紫水が、かねてから天心の和服好みを知っているところから、吾々も先生と同じように全部和服で参ります方がよろ

和服と英語

しいでしょうか、と聴いたというが、その時に、天心は静かに、それはどちらでもよろしいが、英語を自由に話せたら和服の方がよろしいでしょう、と答えたといわれる。これも前の事と同じく、天心にして初めて言い得るところであろうと思われる。

先ずビゲローと会見

さて一行は打揃って一応ニューヨークに入ったが、やがて天心は大観らと袂(たもと)を分って夙に米国に在りながら西欧文化にあき足らずして東洋文化にあこがれ日本にも親しんでおったビゲローらの一団に導かれてその一団の内に知られておった画家で、米国の雅邦とも呼ばれたラファーヂ John La Farge と相語(かた)らい、その仲介によってボストン博物館の首脳部と会談し、また当時にボストン女王の称号さえ持って世に知られたガードナー Gardner 女史とも会うて交歓するところあり、同地においての一地歩を占めた。これがやがて実を結んで、天心はその晩年をボストンの一市民ともいうべきほどの親しみをもって迎えられ、大半をボストンに送るの基礎となったものとする。

ボストン博物館の東洋美術品

ボストン博物館は、東洋美術品の蒐蔵の極めて豊富なることにおいて、世界第一と推されているところで、明治維新(一八六八)の直後から二十年頃までの間の、日本の昏迷時代に於て、各方面からそれぞれの手をもって、低廉に無雑作に、日本において集め得られるだけ集め得たものが根幹をなすというが、この当時収むるところ、絵画は日本品と中国品とを通算して軸物・屛風を合せて三千六百余点、蒔絵類は五―六百点、金属工芸品は二千点、更に刀劔四―五百点、鍔が一千点、浮世絵版画は二万点と註せられ、中にも優秀なものとして、図画では国宝級の『平家物語絵巻』の三条殿焼討の一巻もあれば、桃山美術の優品長谷川等伯筆の猿猴の屛風なども含まれている。この頃、博物館はまだコプレース＝スクエアの旧地に在って拡張改築の行われなかった前であったが、これらの夥しい蒐蔵品も、一たび、フェノロサ Ernest Francisco Fenollosa が整理に手を着け始めたことがあ

東洋部顧問

ボストン女王と呼ばるるガードナー女史

ったというだけで、ほとんど雑然とした放任状態にあったものである。それをここに、改めて天心を迎えて、東洋部顧問とし、これら全部の整理と解説と補修とを遂げたいということに至ったものである。それにしても容易ならぬ大事業であるので、即刻に具体的のことまで協定するというには至り得なかった。ただ、工芸品の分類や修理には六角紫水と岡部覚弥に当らしめることなどがまずもって協定されることとなった。いずれにしても日本の本土において失意不遇の境地にあった天心のためには、与えられた一つの大なる仕事でもあり、幸運の到来でもあったとしなければならない。

更にボストンにおいては、この博物館の存在と相並んで、ボストン市をして米国の大なる文化都市たらしめたものはガードナー夫人の存在でなくてはならぬ。ガードナー夫人というのは、詳しくはイサベラ＝スチュワード＝ガードナーであって、卒直に一言するならば莫大な富を擁する一有閑婦人というべきであるが、その富を傾けて芸術の保護・保存に尽くした高級趣味を有する斯界の恩人であった。富のあるがままにイタリア中世紀貴族の邸第を買取って、これをそのままにボストンに移し、そこに蒐集の美術品と、それに相応する設備を整えてこれを陳列し、以て、一切その当時のイタリア風物を再現せしめての美術館となし、自らはこれに隣って荘広な住宅を構え、フェノロサやビゲローやアダムス・ラファージなど特段に日本に理解を持つ人々を集めては日を送っておったものである。それがために、人はその邸第をイタリアン＝パレスと呼び、夫人をボストン女王とも呼んだほどに社交界の大権威者ともなったのである。今天心が来ったのに対し、暖かい手を指し延べて歓喜して迎えたことは天心の幸いであったとすべきであろう。爾後、その厚い庇護と支援とを受けて、天心は逐次その地歩を占めるに至ったのである。

ボストン女王に迎えられた天心

天心は初めニューヨークにおいては、サースビー Sirsbee 夫人の宅に滞在した

歩一歩占め得た天心の地位

が、ボストンに移っては、インド以来の旧知であるノールウェーの音楽家未亡人のオリー゠ブルの邸に客となった。ケンブリッヂに在って高雅の気の漂う環境であったので、大観一行をも招いてこれに移らしめ、その室には茣蓙を購って床に敷き、芭蕉布を壁に張って襖に擬し、即席の日本室を作っては、手製日本料理の晩餐会を催したり、小展覧会も開いたといわれる。異郷においての一つの小歓楽であったものと観る。

この間、天心はセント゠ルイスに開かれた万国博覧会の学術大会に出席するの機を得て、魅惑的の快弁をもって欧米の機械文明を痛撃した講演を試みては未曾有の人気を博し、また日露戦争を利しての文筆的出陣としては英文著書『日本の覚醒』も公にして思うがままの気焰を吐くなど、只管に一身の軽きを祖国に捧げて敢えてした活動も、そのすべてが何等逡巡するところもなく、躊躇することもなく人の意表に出て、信ずるところをそのままに吐露したがために、いずれはあれ聴く人・読む人を驚倒して、随処に湧くが如き人気の沸騰をさえ招いて好評を博し、レセプション＝バンクェットなど催さるるところ、必ずや羽織袴姿に悠然たる天心を見ざるなきまでの有様とさえなった。

有利の地歩を占めてひとまず帰国

かくて戦争も日本が終局の勝利を収めての平和回復となった時、天心の米国出動もまた大捷を収獲した形において成功し、その後はボストン博物館のために、毎年その半季をボストンにおいて送るべき契約まで結ばれて、明治三十八年（一九〇五）の五月に一応日本に帰った。

二　海外からの祖国奉仕

天心が初めての米国滞在の一年有余は、折からの日露戦争中であって、祖国においては、挙国兢々として事に処し、諸外国からの好意の如きもこれを失うことのなからんことのために必要以上に努めていた時であったが、そうした際において、天心は米国の真唯中（まっただなか）に在って、極めて大胆に、最も卒直に、奇警なる言辞と痛烈なる語句をもって、欧米の機械文明に深刻な批判を加えて東洋文明の優秀を説き、更に進んでは過去においてそれら西欧諸国から受けた東洋諸国の迫害や圧迫に対して反省を促し、以て日本の立場を優位に導きながら喝采（かっさい）を博し効果を挙げたものであって、最も有意義に祖国のために尽くしたものであった。

米国での一日はやがて祖国奉仕の一日

かくて、その米国滞在中は、一日一日をいずれにしても祖国に報ぜんとした一日一日であったが、その中に於ても特に目立った事をして尽くしたものを挙げるならば、

米国での三業績

一、大観・春草の新作展覧会を開会して現下日本文化の勝れたことを現実に知らしめたこと、

一、セント＝ルイス博覧会に講演を試みて東洋文化の性格を明示したこと、

一、『日本の覚醒』の一書を公刊して、日本文明の立場を明らかにし米国の輿

論を有利に導いたこと、
などであらねばなるまい。

大観春草作品展覧会の開会

初め天心が大観や春草を伴って日本を離れた時は、すでにその前から日露の間の風雲が動いていたものであったために、そのあほりを受けて、世は挙げて美術方面のことなどに、関心を持ち得なかった。そうした機会を利して両者をして泰西美術に親しく接してこれが会得をなさしめたいということから、俄かに思い立っての同伴渡航となったものである。天心にしても将たその他にしても余裕ある資金など持参し得た境涯でもなかった。また持参したものでもなかった。随って上陸幾くならずいずれも懐中の窮迫を告げるに至ったことも当然である。天心はその補給の一策として、両者をして約二ヵ月の間に各二十点の日本画の風景作品を作らしめ、同時に一方ラファージと相諮って、ニューヨーク第一流の展覧会場であるセンチュリー＝アッソシエーションを会場として、これを陳列公開して披展するの挙に出た。その間、天心が努めた各方面に対する斡旋と推奨とは、その効果忽ちに現われ、予想外の好成績を得て、両人を満悦の境地に導き、続いては、更にボストンにも、ワシントンにも次々にこれを開会せしめて、いずれも甲乙なき好果を収め、両者をして豊かなる旅費を懐にして欧州に出途せしめ得たほどにもなった。それにしても、この一挙はまた海外に初めて試みた現代日本の絵画紹介であって、日本は武力に勝れている一面、文化においてもこの優秀さを保つことを現実に知らしめたもので、祖国に奉じた一つの貢献ともなった。

セント＝ルイスの学術大会は、万国博覧会の開会を機に、明治三十七年（一九〇四）五月に開かれたものであって、集まり到ったものは皆世界各国の学界の権威者のみであった。日本からは選ばれて理学博士の箕作佳吉と、法学博士の穂積陳重と、医学博士の北里柴三郎とが参会した。天心は素よりそれらの選に入っていたものではなかったが、会々、フランスから出向すべき予定にあったパリのルーヴル博物館長が欠席ということになったがために、急遽その補充という名義をもって推挙されたもので、権威と責任をもってこれを推薦したものはジョン＝ラファージであったといわれる。されば愈々天心が講演の壇上に立つといったその日は、オリー＝ブル夫人を初めとして支持者一同選を尽くして会場に参集したほどで、貧作博士の講演の時などは、僅かに五―六十人の聴集の在ったに過ぎなかったというに、天心の講演の時には超満員の聴講者で会場は溢れるほどであったといわれる。天心は例の如く紋付きの羽織袴という純和装をもって静かに壇に登り、「絵画に於ける近代の諸問題」なる題下に、明快流暢にして、しかも独自の魅力性を持つ巧妙な英語をもって、まず美の真意義の解釈から始めて、過去・現在の大様を説き、欧米の絵画が機械文明の圧迫を受けて、その下に痛撃を蒙っている間に、日本の美術は純正なる伝統の下に活きて独自の発達を遂げ、今や欧米の美術の挙げてこうした風潮の下に立っているのに対して最も有力に反抗していると結んで、

講演に得た反響

満堂を魅了(みりょう)したといわれる。されば講演を終って壇を下り来った時は、その時を移さずフランスの雑誌記者と、ドイツの雑誌記者とは、走り寄ってこれに近づき、各々いずれも三百ドルの報酬をもってその講演筆記を誌上に登載することを諒承されたいと要請したといわれる。米国においても一年以後の一九〇五年に、『クォータリー＝レヴュー』が、「日本的見地から観た現代美術」なる題をもってこれを掲載し、米国の感興を新たならしめている。兎に角この一講演によって、天心が米国においての位置を高めたと共に、祖国の文化的位置を高く広く世に紹介したことは争われない事実とする。

伏見宮一行の米国来着

この講演によって、天心の米国に於ての社交界の位置は更に益々高まったが、これに前後してまた次のようなこともあった。それは日露戦争に当っての米国の輿論の日本に対しての好意に対する感謝を含んで日本から伏見宮の差遣(さけん)があり、金子堅太郎子爵がこれに随従し来って多方面に折衝(せっしょう)もしたが、この時に米国にお

天心のための復讐

ける各方面の有力者を招待してのレセプションも開いた。それには天心も案内状を受けたことでもあり、皇族の米国来遊でもあるので、喜んで参会して敬意も表したいと期したものの、案内状には、必ずや燕尾服着用と銘記してあったために、結局は天心は列席不能となった。その事を聞いて最も憤慨したのはガードナー夫人であったが、心に復讐を期していた折柄、金子はやがてボストンに来って一の社会的儀礼としてガードナー美術館の参観を申入れた。これに対して夫人は、美術館は一切はイタリア風俗を移してイタリアに敬意を表してあるものなれば、これに敬意を表して日本人は純日本の服装をもって来観されたく、喜んで接待をいたしますと応(こた)え、もって巧みに金子の参館を拒んだ。天心に対する非礼に復讐したものと喜んだということも伝えられている。

日本の覚醒の公刊

更に英文著書 "The Awakening Japan" (日本の覚醒) のこの際においての著述公刊に至っては、これは又セント＝ルイスの講演などに比すべくもなく強く鋭く欧米文明を痛撃して、米国輿論を一層有利に動かしたものである。蓋し日露戦争においての日本の捷利が、欧米各国をして日本に好意を持せしめたとしても、それは最初の間のことであって、畢竟は東海の一小島国が、欧州の強大国ロシアを対手として起って戦ったということに就いての好奇心の発露でもあり、また小弱国を哀れむ一種の同情の表われであったとも解すべきことであって、それが何時々々までも小国日本の大捷の連続ということになっては、あるいは意外の驚きともなり、自らに対する一種の警戒ともなり、更に転じては憎悪感の発生ともなるべきこととまた世に有り得べきことともせなければならない。日本が米国に、英国に、声援の態度を執られた国々に、使臣を送って感謝も尽くせば更に理解を求める礼情を敢えてすることに努めたのも、蓋し外交上当然の儀礼でもあるが、また深慮の含まれる所でもある。そうした際において、こうした国家の敢えてつとめた追頌や必要以上の感謝儀礼に類した行為とその撰を異にして、最も卒直に大

天心の逆手

胆に、日本本来の優越な姿を忌憚なく、彼等の前に誇りをもって披瀝し、寧ろ拝跪せしめるまでの態度に出たものを『日本の覚醒』の公刊とする。蓋し天心が逆手を用いて卒直に祖国に捧げた一つの仕事であったともいえよう。全巻二百三十頁の小冊子に過ぎないが、説くところは、まず、欧米が在来東亜に対して採り来った侵掠行為を第一に挙げてこれにまず一撃を加え、日本の興起は、特殊なる東洋精神文化の発揮と見るべきものであって、徳川氏初世以来欧米と離れて只管に実力を養い来ったものがここに至らしめたので、他から受けたものではなく、人はペルリの来航を口にするも、それは単に開起の動機を与えたに過ぎない。古学の学習にしても王陽明学の研究討査にしても、日本を覚醒せしむべき要素は皆已に自らにおいて甚だ豊富に所有していた。泰西の人々は、我々が泰西に就いて学んだように、今からでも泰東に就いて学び直さなければならぬ、と論じた所に大体の要旨はある。更に即今、全世界を通じて、黄色人種の暴挙を称うる通語とし

日本本来の実力高張

黄禍と白禍

て流通している"Yellow Peril"（黄禍）なる語を捉えては、今は直ちにこれを欧州の方々に返却して、これに代って"White Disaster"（白禍）の語をもって白色人種の暴戻を流布しなければなるまいとまで軽妙巧緻な反語まで弄して、読む人をして唖然たらしめている。

米国輿論の傾倒

この一巻の刊行に対し、まず第一着に賛辞を呈したものは大統領ルーズヴェルト Theodore Roosevelt 夫人であったといわれる。これがためには好意を以ての批判の辞も執筆したという。兎も角も、人気は人気を呼んで米国全部を風靡し、輿論をして翕然として日本に傾けるに至らしめたものである。天心が敢えて奇道を踏んで成功したものの一つであろう。天心は帰朝の後、家人に語って、「自分は米国に在ったが、日本のためには、日本に在って銃砲を肩にして、御奉公した以上に尽くしたよ」といったといわれる。その通りであった。

一本の内容、一言一句にも、常人に容易に言い得ない所を、最も卒直に大胆に喝破して、意想の外を突いたところ、この書の特色ではあるが、同時に、その文章の詩的の言い廻わしをもってして軽く要点を説き、あくどさのない巧妙の表現を利して端的に人の肺腑を突いた所に負うところも多かろう。新聞も、雑誌も、争って好感を持っての紹介と批判を掲げ、併せて文章の妙味をたたえたといわれる。

　こうしたことの連続によって、また天心の名は漸次拡大して世界的に進出する基礎を作るにも至った。

一五　英文著書『茶の本』

世界の天心

第一回帰朝当時の国情

明治三十八年（一九〇五）の五月二十六日、天心は一年有半の米国滞在から帰って久方振りに祖国の地を踏んだ。ロシアとの戦に大捷は続けたが、まだ講和には入らず、一年有余の戦争継続に人心は荒さみ、美術方面のことなど顧みられよう筈もなく、日本美術院の如きも、幹部悉く不在に、事務当局は維持に苦しみ、執るべき手段もなきがままに、秩父方面から多量の木炭を仕入れてはこれを販売して急を救おうとしたとあって、神聖なるべき美術の殿堂たる研究室や工作室は、今はその木炭倉庫となっていた。新たなる境涯の展開に愉悦感をさえ覚えて帰来した天心に取っては、ここに、この凄惨なる状況に接して、蓋し再びその心神を突

日本美術院の惨状

かれたであろうほどのものを覚えたであろうと思われる。さりとて、これも時勢の変転から来った所の運命でもあり、落ち入る所まで落ち入った境涯でもあり、今更に手を下さんとしても即刻にはなすべきすべもない。直ちに去って五浦(いづら)に赴き、翌日からは船を海上に浮べて釣魚に送るの挙に出た。これもまた浮世を離れ、浮世を忘れるの挙に外ならない。この間、考えを定めてか、今後の自分の本拠を

五浦邸改築

この地とすべきの案を定め、直ちに在来の陋屋(ろうおく)を破毀(はき)して邸宅改築の工を起し、半ば成るを待って其の歳の十月の初頭、毎一年の一半を在米に過ごすの約を踏んで、渡米の途に上った。かくて着米後、公務の余暇筆を執って記るし上げた第三

茶の本公刊

回の英文著書“The Book of Tea”(茶の本)の公刊を翌明治三十九年(一九〇六)の五月に遂げて、三たび全世界に対して祖国日本のために気を吐くの挙に出た。

ややもすれば誤まられる日本の国民性

日露戦争を経て、日本の名は突如として大きく欧米の天地に広まったが、それと共に、又ひたすらに好戦国民と誤解される危惧(きぐ)も孕(はら)み、武士道や「はらきり」の

語の伝わるをもって唯日本を恐るべき刀劔の国であるように信ぜられる風潮も一世を覆(おお)うに至った。天心はこれを観て、当時手元に携えていたのは陸羽の「茶経」だけであって、他に参考書もなかったが、直ちに案を立てて、茶や花を愛玩する美風の在ることを基本に、日常を優雅に活き、平和愛好を国民性として保っているもの実に日本本来のすがたであることを紹介しようと企てたものが、即ち、『茶の本』の生命とする。博物館の事務所のことの多忙でもあった間に筆を執ったもので、フォックス＝デフィルド社の出版である。日本

五浦釣人

が平和な文明を楽しんで過ごしていた間は、彼らは日本を野蛮国と観ていた。然るに、やむを得ざる事情の下に満州の野に大軍を動かして大きな殺戮行為を始めたら、彼らは日本を文明国と呼ぶようになった、というような皮肉な言辞に揶揄を試みながら、何時になったら西洋は東洋を理解するであろうかといって、本来の牛酪の国土に茶室の風呂釜から生れ出ずる稷々たる松風の音を聞かせようとしたものがまたこの本の主旨でもある。英文も前二回の英文著書に比すれば遙かに洗練されて渾熟の妙味も加わり、かねて軽快にして風味のある詩趣を寓し、ややもすれば拮屈の感さえあった前者とは全然その風格を異にしている、とは英文学者を挙げての本書に対する文章上の通評である。

松風の声

全欧州に普及

本書一たび米国に出でて忽ち全米を席捲する観あり、中学校の教科書にまで転用されたが更に出版所を異にして二－三所からも表われ、また海を越えて欧州に及んでは、仏文にも独文にも訳出刊行されて全欧州大陸に普及し、ブック＝オブ＝

ティーの岡倉として岡倉の名を全世界のものたらしめた。かくてその反響も流石に本国にも及ぶものがあって、岡倉に対して特に敬意を払うものさえ続出するに至らしめた。それにしても、本書が日本語に訳されて日本の書冊として日本の読書界に現われたのは、これも天心の歿後十七年を経過しての昭和四年（一九二九）のことである。

三宅雪嶺の評

三宅雪嶺は、かつて天心を評するに、日本の鐘と外国の鐘との例をもってし、外国の鐘は内部に一つの重捧があって、それに附いている綱を内から引いて鳴りを挙げるが、日本の鐘は外側から橦木をもって突かなければ鳴らない。天心もまたその通りで、前々から日本にあって、次ぎつぎに特殊な業績をなし遂げていたが、その間は国民は挙げて風馬牛であった。然るにブック＝オブ＝ティーによって外から大きな賛美の声が伝わって来ると、日本は挙げて今更のように、天心の偉大さをたたえる声に充たされたといった。皮肉な言い方だが、事実である。

一六　国内の理想郷

五浦と赤倉

繰返していうが、天心は間出の偉材であり、希代の天才であった。学は必ずしも博くはなかったが、強記無類であった。要を摘むことにおいてもまた極めて鋭かった。つかむほどのものは直ちに活用してもいた。計画するところ、立案するところ、実現するところ、恒に余りに理想に過ぎて、大きくして高く、当時の我が日本の社会においてはこれを容れ得なかった。一般社会の人々よりは常に三十年・五十年の先を見越しての計画であり実行であったので、三十年・五十年後れておった一般社会はこれを理解し得なかったのである。それが天心をして轗軻不遇に咽ばしめた所以でもあったのでもある。

見越した三五十年の後

米国の理解

異国に発揮した東洋主義

米国は日本に比して国土も広い、人も多い、国内情勢も違う。天心が日本において言ったところ、なしたところ、それを容易に理解されるところともなった。加えて秀抜なその英語と英文とをもってして、最も巧妙に、寧ろ意表を突いて、卒直に機械文明に一撃を加えてその肺腑を刺したのである。彼らをして瞠若たらしめたものとする。それにしても天心が胸裡懐くところはどこまでも大東洋主義であり、日本文化の誇りである。如何に米国に地位を得たとあっても、日本のありがたさは忘れ得ない。それが天心である。ボストン博物館にては初めの東洋部顧問より東洋部長の地位に進み、館長同様の待遇として物質的にも特段の優待を受けながらも、そこに常住することを欲しなかった。毎一年、その一半を米国に過ごして一半を日本に送ることを破り得ない契約とした所以でもある。ボストン滞留の間にしても、日本服を身に着けて、日本風に作った室を事務室として鞅掌したのでもあった。されば、その半年を異土に過ごしての後に日本に帰来した時の快感はまた如何であったろうか、察するに余りある。特に明治三十九年（一九〇六）五月の帰朝の時は、『茶の本』の世界に見えた直後でもあり、一日一日と快い反響の絶えず耳辺に響き来った時でもある。日本の岡倉は米国の岡倉となり、更にここに全世界の岡倉となったものである。正に満悦の境地に咽び得たものとしなくてはならない。

日本美術院の処置

それにしても東京には敗残の醜骸として日本美術院が横たわっている。今は収拾すべくもない。また身辺を顧みても、大観や春草や、二―三の門弟子からは今なお死をもって報ずるも辞さないほどの信頼と傾倒を以て待たれてはいるが、官辺からも、芸術界からも将た一般社会からも、概して五年前・六年前をそのままに嫌忌され排斥されて、快く迎えてくれるものはほとんど見られなかった。東京在住は望もうとしても望み得べきでない。去って海に山に常住の居を求めようことに走った所以でもある。かくて得たものは、海においては常陸の五浦であり、山においては越後の赤倉である。

初めて五浦の発見

五浦の地を求め得たのは明治三十七年（一九〇四）インドからの帰朝直後にある。常磐線の鉄道沿線福島県の平に近く草野と呼ぶ景勝の地がある。そこに隠棲の地として適所があると勧め来ったものであったのに応じて、天心は当時日本美術院の研究会員であった茨城北端出身の飛田周山を東道として同伴し往観したが意に充たず、直ちに踵を回らして帰途に就いた。その帰京途上の車中において、周山の語るところに聴いて、勿来駅に下車し、海岸を伝えて五浦を訪ねた。然るにこれは海辺とはいうものの、背後三方は丘陵に囲まれて俗界と隔て、東方だけが太平洋に面して開けているが、それも岸高くして海に臨み、海にはまた怪岩巨石塁を成して怒濤四時に躍るという別天地であったので、天心は快哉を叫んで即刻その地の入手を周山に托し、周山の斡旋によって、海上突出の平台一千五百坪ほどの地を求め直ちに居住の処としたものである。初めはささやかな廃屋のあったのをそのままに修めて居としたが、翌年の明治三十八年（一九〇五）の初夏に米国から帰来して以来、この地を本拠とするに意を決したものの如く、自ら案を立てて改築を試みた。粗材の普請ではあるが天心の風格は窺い得る。松籟に包まれながら怒濤の呼号も聴く。精神おのずからなる爽やかさを覚え得たものと思われる。

赤倉の発見と山荘建設

明治三十九年（一九〇六）の五月、新たに米国より帰朝した時には、直後に越後高田に遊び、導かれるままに赤倉の高原に登った。その頃は登山の流行もなければスキーなど行わるべくもなく、挙げて空漠たる大景観に過ぎなかったが、東には米山山脈が悠揚として奔り、北には頸城平原を越えて佐渡ヶ島を指摘し得べく、南は更に黒姫・飯綱の高峰に囲まれて野尻湖の鏡の如く浮くを観るという快濶無限の風光の、塵世には在り得べきとも覚えぬほどなのに、悉く魅せられて、一挙に部落の上方に広大の地積を購入することにした。数字的の文字は詳かにしないが土地の人は一時これを岡倉山と呼んだほどで、その後大部分を陸軍省の演習

初めて企図した日本美術院の赤倉移転

地に買収されたが、なお残れるもの二町一反歩、更に嗣一雄の有となって復分筆売却されて、最近まで残存したもの一千百余坪を留めた所から推して、最初入手の地の大きさを知るに足りる。また天心の気宇の大なるを観るべきものである。

地を得て、直ちに高田町から料理店の廃屋を求め来って移建し、それに適宜の増築を施して山荘とした。二階建八十坪、増築せるものに式台付八畳の大玄関や茶の間・台所等があり、浴室には六畳の脱衣室を附け、浴槽には高田城々門の扉板を流用した。この間に処して、天心は米山夫人となった愛孃高麗子に書を寄せ、

家には玉の如き温泉瀑布の如く流れ、庭の前には又山川流れて天下の絶勝…など誇らしげに伝えている。得意のさま眼のあたりに見る如くでもある。

こうした大景観に接して、天心はまた日本美術院をも更始一新の意気をもってこの地に移さばやとも考えたのであろう。その月に大観と春草を招き寄せ、酒を置いて大いに語ったが、最も赤倉の絶勝を強く説いたものであった。両人は室に

帰るや相語っていう、先生赤倉の勝を説くところ尋常の外にある、明朝発する一語は、必ずや美術院の赤倉移転と思わざるを得ない。一たび先生から口外されれば最早絶対的である。去るに若かずと、東京に急用出来と夫人に告げて翌早暁赤倉を下って急遽帰京したとある。その時においての天心の赤倉に対する熱意の強さを知るべきであろう。

日本美術院の五浦移転断行

　八月を迎えて天心は赤倉から移って五浦に入ったが、大観と春草とを直ちに招致して、日本美術院の五浦移転と、更に同時に両者の全家を挙げての移住とを必要とする旨を告げた。両者は即刻諒承、続いて観山を東京から招いてこれをも応諾せしめた。ただ大観・春草の接触密なるものあるところ、観山に寂寥感あるべきやの懸念から、木村武山の移住を考慮しこれに加えた。各家の住宅地としては、その時までに天心が入手せる地の内、いずれになりともその撰ぶに任ずとし、自らは美術院の研究所建設の工を案じてこれを専門職に命じ、また美術院の東京を離れるに当って必要とする院則の改正を計画し、雅邦は主幹の地から退いて、天心自らその地に就いた。かくて一切の準備整うるところ、九月をもって天心は去って中国旅行の途に就いた。

ここにおいて、兎にも角にも日本美術院の更新一新しての存立は実現に当面したものである。

一七　日本美術院の五浦移転

茨城県の北端、福島県に近く、太平洋に直面して五浦は在る。今でこそ常磐線の大津港駅（当時は関本駅といった）から自動車通行の大道路が出来て、ものの十五分ともかからぬ内に往き着きもするし、大きな旅館もあれば何ほどかの別荘なども出来ているが、当時においては、北、海港平潟からしても、また南、大津からしても、峠というほどでもないが、兎に角峠をなせる径路を登って降りて漸くに辿り着くところであった。北西南の三方が樹立の茂る丘陵に囲まれ、東の一方だけが開いて太平洋に面しているという別天地である。その太平洋に面した方面はいずれも荒磯を成しているが、そこに五つの突端があって五つの浦を作っている。それから五浦という名が呼ばれたものである。天心は来るなり直ちに中部の最も広い突端で平台を成している地千五百坪ほどをまず買い入れ、続いて漸次附近の地で、手に入れ得る限り買い取ることに力めた。初めに粗末な廃屋があったが、明治三十八年（一九〇五）にそれを毀って、粗材ながら規格の大きい居住を新築した。翌年には更にこれに加えて書斎や風呂場と台所（岩壁を削った豪壮感のあるもの）を増築した。

五浦移転の決意

それと共に日本美術院の移転も、また大観や観山やその他の移住も決定したものである。その決定を見て、翌九月には自らは早崎稉吉を伴って第二回の中国旅行に出発した。これはボストン博物館の用務を帯しての旅行である。

旅途出発に先だち、大観以下新移住四者のためには、その住居建築の敷地としては自分の所有土地の内いずれにても好む所を撰定されたしということを託してあった。

大観の天心絶対尊敬

此頃、大観は欧州から帰国幾くもなく、八軒屋の公舎を出て、新たに居住を近く谷中初音町に営み、第一回の夫人歿後の第二回夫人を迎えて新家庭の生活に入ったものであったが、その新居を処分して、五浦に新構を営むに至ったものである。天心の力の大なるを見るべきであろう。

四画人の五浦移住

かくて四者の居住建築の工は直ちに起されて、十二月末には早くも竣工したので、四家族は前後して移住したが、折からの風雨に、婦人・子供共々に尻からげに傘をかたげ、その峠路を上下した光景は、古き昔の平家の都落ちをさえ想い出されて、物の哀れを感じさせたものであったといわれる。天心の居を中心に、南に一浦を隔てた高台に観山と武山の居が営まれ、北に更に一浦を離れた高台に大観、その裾（すそ）に春草の居が作られた。

日本美術院

日本美術院研究所は、それから更に北の方数町を隔て、椿浦を前に蛇頭の突端近く経営された。奥まった天心の居室から、続いて正員四人の作画室、それに少しく隔てて研究会員の作画室があり、小使の居住は別棟に作られた。粗末な日本建築ではあるが規模は具備されたものであった。

移住当時の五浦の日々

天心は翌四十年（一九〇七）の二月、中国旅行を了えて帰国し、直ちに五浦に入ったが、状勢新たなるところ気分も爽やかに、日毎に研究所に赴いては自室に座を構え、四者亦とりどりその座に列って作に当る。研究会員としては、安田靫彦・今村紫紅・橋本永邦・尾竹竹坡・飛田周山らが相来往し、朝は未明に褥を出ては、東海に輝く旭光に浴して快哉を叫び、天心の抵るを待って教えを聴き指導を仰ぐ。東京よりは学者・文人・記者から何かくと来るもの踵を接し、晴れやかなる其の日その日は続いた。米国からランドン＝ウォーナーLangdon Wanerが来って天心邸に滞留して教えを受けたのも亦移住後幾くなら

五浦移転の日本美術院

ぬ時であった。

県知事の好意を謝断す

それにしても、この一地区内、在るものは天心の居と、四者の居と、更に天心が洋上の釣魚に舟をあやつる舟夫の居だけであって、他は怒濤の音の松籟と相和して響き至るを聞くのみ。煙草一個求めようにも、マッチ一箱弁じようにも、美術院の小使は峠路を登って下って、大津に至り、更に登って下って帰らなくてはならぬ。不便もあるが、日を重ねては寂寥も感ずる。それらの実情を聞知して、時の茨城県の知事森正隆は大津より車馬通行の道路を開いて好意を寄せようと臨時緊急予算を計上したものであったが、天心は聴いて、この遠隔の地まで俗塵の侵入を導くには耐え得るところでないといって、好意を謝して辞退したことであった。蓋し天心がこの時この際の意中わだかまる所は三方囲まれた仙境五浦一廓を挙げて、何ものも介在しない全美術郷たらしめようことにあったと見なければならぬ。ここにも天心の超常識を窺うべきであろう。

五浦移転の観月披露会

五浦邸客間及び書斎

美術院の五浦移転の披露会は四十年（一九〇七）中秋の日を択び、五浦の地全部を会場として観月会の名をもって大園遊会の催しをもって行われた。東京より、水戸より、多数の来客を迎え、大漁節の踊の余興には天心自ら筆を執って踊手全部の胸につける「正風」の胸じるしを書いた。松という松には悉く地口行燈を掲げた。模擬店もとりどり奇抜な趣向を尽くし、四作家の家人が店主の任に当った。汐風荒らき奥の磯辺は時ならぬ燈火の輝きに月の光と相映じて一種の風情をかもし出したものであった。後の日まで一つの語り草ともなっている。

この観月園遊会を終っての後一ヵ月を経て、十一月には天心はまた米国渡航の途に就いた。その時、雅邦は恰も病蓐に在ったので、天心は上途に際して、これをたずね、互に手を執って語り合ったが、それが遂に両者の永別となったのである。

一八　文展開会と国画玉成会

文展開会の決定

日本美術院の五浦移転の形を整備した明治四十年（一九〇七）に、文部省の主催をもって毎年定期開会を規とする美術展覧会、即ち世に謂うところの「文展」の成立が決定し、実現された。斯界空前の慶事として、美術に携わるほどのものは皆歓喜してこれを迎えた。時の文部大臣は牧野伸顕であって、事のここに至らしめたのは、天心が文相と親交の在るところからの進言に因ると語るものもあるが、それは、それとしても、実際的には、東京大学教授の大塚保治と、美術学校教授在職中の黒田清輝とが、欧州諸国の例を引いての建白と、正木東京美術学校長のこれに応じての進言がここに至らしめたものと言われる。

審査委員の選定

会は、第一部（日本画）、第二部（洋画）、第三部（彫刻）の三部に分たれ、陳列作

審査委員と天心

品は公募から摂(と)るということを主旨としているが、最初のことでもあり、各部審査委員の選定がまずもって各方面注視の焦点ともなった。特に当時は洋画も彫刻も共に萌芽時代を去る遠からずして、未だ一般的関心の標的には上り得なかったが、日本画はこれに反して大体において美術展覧会の主流の地を占めておったので、審査委員の選定の如きも一般的にも重視すれば、これを得ると得ざるとは、その人においても極めて重要視しなくてはならないところであった。随って洋画と彫刻の委員は容易に詮衡決定されたが、日本画は容易ならず困難が伴った。委員には各部ともに若干の学者と実技家とを挙げるを規とし、第一部においても、学者側からは、工学博士中沢岩太を主任に、委員としては、理学博士松井直吉・高嶺秀夫・工学博士塚本靖・文学博士大塚保治・同藤岡作太郎・今泉雄作並びに中川忠順らを挙げて、初めは天心を加えなかった。天心といえば蛇蝎(だかつ)の如く嫌忌(けんき)するのが文部省の常識でもある。然るに画壇の最高峯である橋本雅邦に内諾交渉に当るや、雅邦は、美術界のこと天心を容れずして意義を成さず、天心を加えざる委員会には吾も入らずと、強硬態度をもって拒否し来ったので、詮衡の会も一時困厄の境に堕したが、中沢博士が、天心と共に福井県の出身であるところから、天心に我を張ることのあらんには我れ当らんと言われた所から議は緩和し、進んで天心に内交渉を試みるに至った。然るに天心はこれに接して、自ら諸意を示すと共に、大観と観山とを共にしたしとの主張に出た。そのために議は更にまた一頓挫したが、老成大家だけを委員に迎えるという最初の案を根本的に覆して、青年作家を加えて委員会を組織すべしということになり、五浦から大観と観山を採ると共に、広業も玉堂も加えれば、また京都からは栖鳳と春挙と芳文とを挙げての大量審査委員として成立に至らしめたものといわれる。この時に至るまで、天心の文部省方面から嫌忌されたことの如何に大きなものであったかを知るべきである。

審査委員決定

結局、ここに事は決定して第一部審査委員となったものを次の通りとする。

主任　工学博士中沢岩太

委員　理学博士松井直吉　高嶺秀夫　工学博士塚本靖　岡倉覚三　川端玉章　荒木寛畝　文学博士大塚保次　今泉雄作　文学博士藤岡作太郎　橋本雅邦　寺崎広業　下村観山　菊池芳文　竹内栖鳳　野口小蘋　今尾景年　川合玉堂　横山大観　中川忠順　山元春挙　松本楓湖　小堀鞆音

正派同志会結成

この任命は八月に公表されたが、これを観て愕然（がくぜん）として驚くと共に起ち上がったのは、謂（い）わゆる旧派系統の日本画家で、この任命をもって真の日本画を廃滅に導く暴挙として反旗をひるがえした。即ち日本美術協会を中心にして、日本画会・日本南宗画会・南画会等の団体が一致して正派同志会なるものを結び、高島北海・望月金鳳・荒木十畝・山岡米華・小室翠雲らと、明治初年に流行した文人画の一派、文晁や華山・椿山の流れを汲む明清画派の一統、それに古法故格を固執する土佐・狩野の末流まで加えての一集団としての一勢力を示し、

文部省が千有余年の歴史ある国粋美術を顧みず、徒に欧米の模倣を事とし、新を競ひ奇をてらへる朦朧派新派を重視し、時流に迎合して国家の経営に成る官設美術展覧会に不公平なる審査員の詮衡を敢てせる誤れる美術行政を是正しなくてはならないと宣言書を発表し、大隈重信や衆議院議長の大岡育造らを拉し来って、示威演説会を開くなど活発な運動を開始した。その及ぶところ美術界には目立つほどのものはなかったが、世の多数は依然として新進の画風に理解あるもの少なく、特に旧思想の古老や上層階級の多数の蟠居せる貴族院にはこれが後援態度を採るものも極めて多かったので、その運動を軽視することは出来なかった。随って新派作家はこれに対して自衛上の手段として大同団結を結成するに至った。日本美術院を筆頭として、巽画会・大同画会・二葉会・紅児会・

国画玉成会の結成

烏合会・国画会・無声会・天真社などの諸団体がこれに加わり、正派同志会の結成より一ヵ月後れて九月一日に創立総会を開いて、天心を会長に推し、文部省任命の審査委員は必ずしも満足すべしというにあらざるも、大体において当を得たるもの、今後この官設展覧会をもって平素の抱負と所信とを発表する壇場とすべしと宣言して前進の第一歩を挙げた。会員に名を列ねたる主なるものは、

寺崎　広業　　川合　玉堂　　下村　観山　　横山　大観　　小堀　鞆音（以上審査委員）
梶田　半古　　鈴木　華邨　　菱田　春草　　木村　武山
尾竹　竹坡　　尾竹　国観　　山田　敬中　　結城　素明　　山内　多門
鏑木　清方　　安田　靫彦　　今村　紫紅　　武内　桂舟　　山中　古洞
島田　墨仙　　石井　天風　　高橋　広湖　　橋本　正素

であって、是れを参加各団体の代表者とする。この外に長老として雅邦と玉章と楓湖も共に会員にその名を列ねた。正に東都においての新派日本画家のすべてを

網羅したものである。かくてまず

本朝の新紀元たる明治の盛世に当り、我が絵画は波瀾澎湃せる文物の潮流に乗じて、更に一大発展を試むべき時機に到達せり。

と述べ、進んで

会員各自の主張を重んじ、その天禀の技倆を自然に発展せしむるに力め、日本絵画の精神を失せざる限りは、保守・漸進・急進一切の傾向を歓迎すべし。

と主旨のあるところを言明し、最後に左記三項の綱領を示して、必ずしも有力団体の主張を強要するものでないことを明らかにしている。

(一) 古代に於ける絵画法の復興
(二) 現代絵画の発達
(三) 世界的趣味の調和

かくて新旧両派の対抗は盛り上ったが、現実の上にはさしたる支障もなく、時は移って十月二十五日をもって第一回の官設展覧会は、一世歓喜の声に迎えられて上野公園内の博覧会の旧美術館を会場として開会した。日本画の出品総数は六百三十五点、鑑査を経て入選陳列されたもの八十九点、これに審査委員の作品十点を加えたものを日本画部の実勢とする。中にも観山の出品「木の間の秋」二曲屏風一双は、大和絵風の筆を新たにして繁む樹立の間に観る秋の情趣を写したものであって、傅彩の濃麗、筆致の豊潤、共に備わった名品と推され、世を挙げての讃嘆の標的となった。

第一回文展の開会

第一回の文展の開会中、十一月十六日に天心は渡米の途に就いた。この時、雅邦は病に臥して重態を伝えられたものであったが、翌四十一年一月十六日をもって遂に館を棄てた。天心は国外に在ってこの報に接し、無量の哀痛に打たれ感激に咽んだといわれる。二十余年の久しき、互に相寄り相扶けて事に当り来ったもの、今、処を異にしてその遠逝を聞く、寂寥の感を深くしたであろうことは察するに余りある。

文展審査委員異変

明治四十一年（一九〇八）の七月には内閣の交迭あり、牧野伸顕は文相の地を去り、貴族院にあって下条桂谷や金子堅太郎一派と相通じた小松原英太郎が挙げられて文相の任に就いた。それを観て守旧派は案を叩いて快哉を叫び、主張の貫徹に猛進した。その結果、第二回の展覧会には第一部審査委員増員ということになって、前在任中のものに加えて新たに高島北海・望月金鳳・益頭峻南・野村文挙・山岡米華・荒木十畝の六名が挙げられて審査委員の任に就いた。いずれも正派同志会の中堅会員である。この時はすでに天心も米国より帰朝しておったが、この挙を観て会員一同と共に袂をふるって起ち、文部省の無定見を攻撃して文展への不出品を議決し、文展の開会と期日を等しうして同じく上野公園に会場を求めて、独個の立場をもって、これも天心の手下にある日本木彫会と連合して国画玉成会第一回展覧会を開いた。正に前年度において正派同志会が文展に対峙して日本美術協会に展覧会を開いたのと地を換えて同じき行動に出たものである。

国画玉成会展覧会

国画玉成会も愈々開会に当面しては、会員有力者の間の歩調の必ずしも一致せざるものもあったが、それにしてもなお且つ観山が「大原御幸」の長巻の如き、優雅なる古土佐の画格を今に復活して、『平家物語』の名文をさながらに形に表わし、詩趣の湧くを禁ぜしめぬ名作の出陳もあり、見るからに春の月夜の淡冶を味わしめる「煙月」と、凄滄の気迫る冬の月の「凍月」と相対せしめた大観の「月二作」もあり、靫彦の「守屋大連」や紫紅の「時宗」の如き歴史人物の描写の上に一様式を開いたものもあり、その他、力作・労作とりどりにして生新の気場内に充ち、一たび来れるものをして去る能わしめざるほどのものがあったが、大衆の理解には入らず、文展会場は雲霞と押し寄せる来観者の殺到に日々を送ったが、玉成会は寥々たる毎日を重ねて閉会にまで至らしめた。

翌くる明治四十二年(一九〇九)には、文展の開会を前にして両者の妥協調い、玉成会は開会を避けて挙げて文展出品となり、ここに玉成会の活動なるものは展開僅かに一年にしてその姿を収めた。それと共に天心が新美術を率いての社会運動もこれをもって最終とし、爾後こうした局面に起つことなくして終った。天心この時年齢四十八歳である。正に壮者の域に在るというべきであるが、それにしても往年の如き生気の潑溂さは見られなくなった感を懐かざるを得ない。蓋し往年の多方面に亘っての活動の凄まじさは、寧ろ超非凡ともいうべく、端倪すべからざるの概のあったものだけに、幾分静平の行作に回った天心を観る時において、特にこの感を深うせしめざるを得ない。英雄の境地多難とすべきである。

天心委員の継続任命辞退

折から文展審査委員は三年の任期終了の時に到達したが、天心は継続在任を欲せず、後任としては春草を推して次期の任命を予じめ辞退し、去って米国に向った。かくて文展第三回は開かれたが、この時には、大観は在来の態度を改めて「流燈」と題する荘麗優美のインド美人を写した一作を示し、春草また病勢の小康を得たのを利して「落葉」の題下に六曲屏風一双の大作を描いて出品したが、それは色彩を基調としながら多分に墨技を交え、在来採り来った描法とは凡そその選を異にして、装飾的にして全面的には情趣の生動もあり、晩秋の情致を豊かにして元祿の光琳を現代に活現した観もある。正に春草が新たに開いた新日本画の一生面ともいえよう。天心も五浦より上京し会場に之を観て、「展覧会にて始めて御作落葉の屏風拝見致候。情趣、巧致、固(もと)より場中第一、近頃の名品と感じ申候。……」の一書を送って直ちに五浦に帰っている。大観と春草と両者打揃うてこれだけの作品の披展あり、在来両者が蒙った朦朧画の悪名は、一時に消えて、今更の如く両者の画境も一般的に敬意をもって対せられることともなった。また皮肉なる一痛快事ともしなければならない。

一九　晩年の境地

一　唐宋の高士を胸裡に

明治四十年前の天心とその後の天心

　切々祖国を念うて祖国に解されず、烈々祖国に尽くして祖国に容れられず、嫌忌され、擯斥（ひんせき）され、幽欝煩悶の裡（うち）に、日本美術院なる大荷物をさえ背にして、あらぬ思いをもって過ごしたのが明治四十年（一九〇七）以前の天心であった。然るに祖国が認めなかった異材は、海外千里の米国の認める所となり、聘せられて、世界に比類のない東洋美術品の多数を蒐蔵するボストン博物館の東洋部長として、館長待遇をもって東洋部の一切を托せられた。蒐蔵せる美術品の整理と研究と、耐久保存の処置はいうまでもなく、それが陳列室の構成から陳列の様式方法またすべて意の赴くままにこれを試み得た。事務を執るためにも、特殊の好みに随って日本室も作られた。そこに天心は、日本服と中国の道服とを折衷して、自己の考案をもって黒羅沙を地として作らしめた一個異様の服装を、渡米の際に何着ともなく携帯し来って、交るがわるそれを身にして悠然として座を構え得る境涯となったのである。喫煙も禁止の場処ながら特別に自由にということであったが、これだけは自ら慎んで室内で煙を吐くことはしなかったという。兎にも角にもこの際において正しく得意の秋の到来としなければならない。しかしながら得意の秋を迎えて愈々郷愁の切なるを覚ゆる、それもまた天心であった。毎一年、その半分の日子を日本に帰って過ごすことを条件として、それを正しく実行して怠らなかった所以である。その半年毎の帰国の際には、敢えて豊富というほどにはないが、何分の外貨を懐にして帰来した。何ほどにはあれ、己れの力をもって外貨を輸入したのである。その時の愉悦感の人に勝れて高かったものであったのもま

帰国の際に覚えた一種の愉悦感

た他に容易に見られない祖国愛護の念の極めて強い天心の一面である。

かくて帰国第一回の時には、五浦の居を整理した。第二回の帰国では、赤倉の別墅(べっしょ)も求めたが、同時に日本美術院の五浦移転を実現した。それも天心に対して最大の尊敬を捧げてどこまでもと随従し来った愛弟子(まなでし)四人までも引き交えて移住せしめたのであった。積欝の払われた気分になったものと観る。その時には、暫く都塵に遠ざかって静かに雅懐(がかい)を養うとか、東洋のバルビゾンたらしめるとか、捲土重来(けんどじゅうらい)の熱意あるが如きことを言説にして世に対したが、実際には再び東京に戻って活躍すべき意気は持っていなかったと観る。居住の庭前突端、緑滴(したた)る数株の老松に蔽われながら、眼下には怒濤躍(おど)る巉崖(ざんがい)の上に意匠を凝らして六角堂を作り、静思黙考の浄域とした。天晴れれば船を艤(ぎ)して遠く洋上に出で綸(つりいと)を垂る。心裡期するところは、杜甫(とほ)か李白(りはく)か、将(は)た陶淵明か蘇東坡(そとうは)か、官を棄てて節を売らず、酒を楽しんで他を求めず、悠緩(ゆうかん)自適、天下の風物を友として世を送ろうと

五浦六角堂

景慕禁ぜず
唐宋の高士

已に往年の意気衰う

する。それがこの際においての天心の境地であり待望であった。

然るに、思いきや、移転工作さえ未だ終らない中道において、中央には、文展の開催が決定して審査委員の詮衡（せんこう）問題まず起り、続いて正派同志会の蹶起（けっき）を招き、これに対する対抗の立場から国画玉成会の結成となった。当然天心は推されて、その中心となり会長となり一切の処理にも当ったが、かつての天心が活躍時代に比すれば、社会も変ったが天心の地位も変っていた。天心自身も随って往年の闊達（かったつ）豪放さは乏しくなって生彩の閃（ひら）めきを見得なかった。対抗

五浦邸内六角堂

は一年有余にして妥協に結末し、天心としては、要するところ、理想の地として胸中に描いた五浦生活に入ることを一年有余遅らしめたという事実を招いただけのこととなった。

自ら称す五浦老人

五浦に入っては、五浦釣人とか、又は五浦老人とか署名していた。未だ五十歳に至らぬ前であるが、自らはそうした気分にも浸ったものと見える。

二 異境にかもす懐郷の日常

日本に帰っては、好んで隠棲（いんせい）の気分に浸ろうとしたもののようであったが、米国に往っては、これは、仕事の天地として一段の緊張も見せた。博物館からは極度に優遇される。社交界に立っては、またガードナー女史の信頼と後援のあるところ、特殊の位置を保って、派手やかな存在を保って、益々順境な進展を続けた。

東洋美術品の各方面に亘って極めて多くの蒐蔵を誇りとする博物館においての

研究及び報告

研究検討は努めて倦まず、またその貴重さの自覚を一般社会の上に促すことに就いても最も克くこれに勉めた。それらの報告或いは研究、若しくは見解の発表等も、時に応じて『ボストン博物館々報』その他において発表されているが、『館報』に載せられた論文としては、

"Japanese and Chinese Paintings in the Museum"
（博館物に於ける日本及び支那の絵画に就いて）

が一九〇五年（明治十八年）の一月号に登載されたのを初めとして次の四篇がある。

"Recent Acquisition of the Chinese and Japanese Department"　（一九〇五）
（支那および日本部に於ける最近の入手品に就いて）

"Sculpture in the New Japanese Cabinet"　（一九〇六）
（近代日本室に於ける彫刻に就いて）

"Catalogue of Objects in the New Japanese Cabinet"　（一九〇六）
（近代日本室に於ける品目の目録に就いて）

"Exhibition of Recent Acquisitions in Chinese and Japanese Art"（一九一二）

（支那および日本美術に於ける最近入手品の展示に就いて）

この外に、カーションと連名を以てしての

"Chinese and Japanese Mirrors"

（支那及び日本の古鏡）

の載せられたのは一九〇八年（明治四十一年）の四月号である。又コンファレンス（会議）の講演として左の三篇を伝える。

"Nature in East Asiatic Art"（一九一一）

（東洋美術に於ける自然）

"Religions in East Asiatic Art"（〃）

（東洋美術に於ける宗教）

"The Nature and Value of Eastern Commorsseuship"（〃）

（東洋に於ける美術鑑識の性質及び価値）

東西両洋文化の徹底的解釈

いずれも、すべてに亘って勝れた鑑識を基礎に、明快な表現をもって徹底せる見解を披瀝したもので、畢竟するに東洋美術のすべてのものは、その本源が精神的に出発したものであるが故に、風景画にしても宗教画にしても帰するところは等しく尊敬の要求にあるのであると説き、進んでは謂わゆる目録の作成のことや茶道の発達にも言及し、東西美術の相異なるところを説述したものである。天心歿後のことであるが、ビゲローは天心の後を承けて東洋部長となったジョン゠エラー゠ロッジ John Erar Rodge と連名をもって『ボストン博物館々報』に追悼の辞を載せ、天心が東西美術に等しく勝れた鑑識を持していたことを極力たたえて、キップリング Joseph Rudyard Kipling が名句と言われる「東は東、西は西、二つは永遠に逢うことなけん」の語を引き更にこれに加えて、「二者は岡倉覚三によつて相会した」の句をもってしている。これこそ天心が東西両洋の最高文化の把握者たることを言ったもので、まことに天心の知己とすべきであろう。それと

東西両岸の文化は天心に会す

共に四周共に天心に対して畏敬をもって対しておったことを知らねばならない。

屢々説いた如く、ボストン博物館は、東洋美術の各方面に亘っての夥しい蔵品を所有していたものながら、なお且つそれをもって満足したものではなかった。機会ある毎に、あるいは自ら機会を作ってまでも、一層多くのものを入手しようことにも努めた。天心が前後二回（明治三十九年—四十年と明治四十五年）中国に渡ったのもそのためである。両回共に早崎稉吉帯同の行旅であって、特に第二回の時は辛亥革命の直後ではあり、明治四十五年（一九一二）の五月から六月に及ぶ僅かに三週間の巡遊であったので得た所は多くなかったようであるが、第一回（明治三十九年の最初の大旅行を第一回とすればこの時は第二回）の巡遊は、明治三十九年（一九〇六）九月の発途から翌四十年（一九〇七）二月の帰国まで、約半ヵ年にも及ぶ大旅行であった。中国の国内はまた清朝二百年の政府の没落の前で、随処、人心匆忙の際であったが、悠揚としてその国情にも親しみ、数週間に亘って洛陽や長安の古き都の

二回に亘る中国巡遊

道服姿の天心（北京白雲観にて）

情緒を満喫もすれば、また白雲観の観主郭仁峒を叩いては、幾ほどなりとも道教の真諦を味うというようなことにも出るなど、半ばは観風察俗ともいう形もあった。随って余裕もあれば同時に得るところも多く、大小の石仏類や、種類を尽くしての古鏡類など多数に収穫して、これもボストンに送った。そのためには急遽莫大の金子の入用などもあって、ボストンに電報したこともあったが、ボストンからはそれに応じて直ちに電送し来ったなど、随従のものを驚かしたこともある。この時の収穫品の解説に就いては、前記の如く一九〇八年（明治四十一年）

五月の『博物館々報』の上に、フランシス＝スチュワード＝カーション Francis Stuward Cartion との連名をもってしたものが登載されている。

インド往訪

インドへ往ったのは、明治四十五年（一九一二）最終になった米国への渡航の時であって、この地を経由して英仏に渡り、米国に赴いたものである。この時も、インド経由の名義は古美術類の蒐集にもあったろうし、また事実若干の入手品もあったようではあったが、それにしても実際的には、旧誼あるタゴール一家并に当年の旧知に久闊を叙すべき心の動きからしたものであることはいうまでもない。欧州に遊んだのは明治四十一年（一九〇八）の春、米国から帰朝の際に、六角紫水や岡部覚弥を伴って廻ったのと、この時に経由して米国に向ったのと、二回だけであるが、これは当然美術品収穫を目途としたものではなく、見学であり、研究のためである。四十一年（一九〇八）米国から帰国の際に、仏国を経過した際には、ルーヴル博物館見学中において、思いも寄らず孤影蕭然として、同じように博物館内に

フェノロサとの邂逅

陳列品を観て廻っておった、フェノロサと邂逅したという。蓋し極めて偶然な機会を以ての面接ではあったが、両者の間はすでに久しい以前から互に相そぐわぬものがあって交流は断っておったものである。フェノロサはそれから間もなく英国に渡り、幾くならずしてロンドンに客死した。また人生の不可解な因縁を観なくてはなるまい。

要するに、天心がボストン博物館の勤務は、すべてが唯その気分の動くがままに、自由に随意に、志すところに処し、思うところを行わしめたものであって、館としては、最も深く天心に信頼し、天心を優遇し尊敬して遇したのである。それにしても、天心は異国に客となって、愈々高まるものは祖国を想うの情緒であり、胸裡に来往して絶えざるものは祖国の情趣であった。抜群の天資を持して源家の興隆に尽くしながら功成って追われた源義経が不遇の境涯に限りなき悲痛の共鳴を寄せては、"The Legend of Yoshitsune"（義経物語）や、"Ataka"（安宅）

などの作を執筆しては自ら慰めてもいた。琵琶歌としては、また“Ko Atsumori”（小敦盛）の一曲も作った。これも東国の荒武者が花も恥らう十六歳の平家の公達を屠った哀れ深き史話に胚胎してのものではあるが、江戸時代に別して男女を挙げて痛切の涙を捧げさせたものと同じ涙を捧げての作となったものと観る。何たる多情多感の一日一日であったであろうか。日本国土の詩情を慕って帰化し、名まで小泉八雲と改めた詩人ラフカディオ＝ハーン Lafcadio Hearn の死屍に鞭打つものがあるに憤って、“In Depence of Lafcadio Hearn”（小泉八雲の為に）の一文をニューヨーク＝タイムズの土曜批評の誌上に寄せて故人の為に弁じたのは、これよりさき一九〇六年のことで、幾分早いことではあるが、また以て相通じて感傷的な天心の情操を知るべきものとしよう。

小泉八雲の為に

戯曲白狐

更に日本の伝説を材料とした一つの大きな文業としては、ボストン＝オペラ座の新築計画を耳にして、その開場式に上演の料として作った戯曲“The White

Fox"（白狐）がある。ガードナー女史に捧げる一曲と銘打ってのもので、明治四十一年（一九〇八）以来筆を走らせたもの、三幕の長編に成り、推敲に推敲を重ね、何回かは舞台稽古にまでかけたが、オペラ座の建設工事が遅れて、遂に天心が在世中には上場に到らなかった。天心も遺憾としたものであろう。内容は、我が安倍野の領主保名と葛の葉にかかる信太の森の白狐の伝説を基本として、これに更に中国の小説から得たものを加えたというが、西洋音楽の調に合わせて妙味を発揮した点においても、天心の各方面に亘っての造詣を知る一つの例ともなし得られる。

ボストン郊外の新住宅

ボストンにおいての天心の居住は、明治三十七年（一九〇四）の渡米以来、オリー＝ブル夫人の家の一室を借りて滞在するのを例としてその後まで続け来ったが、明治四十三年（一九一〇）になって、初めて郊外のブルクリン村に一宅を構えて日本室を作り、それに身を托することになった。「四－五名の同胞と毎日茶漬飯を食い居り候」と、その時の通信にも書かれてある。集まり到ったものはウォーナー博士をはじめ、その他であったように伝えられる。アンゴラ産の白猫をガードナー女史から贈られ、陶淵明（とうえんめい）の「万族各有（り）ㇾ記、孤雲独（り）無ㇾ依」の句に採って、その名を孤雲と命じ、砕（くだ）けてはコウチャンとも、コウタンとも呼び、孤独の生活に唯一の伴侶として、最大の慈愛を捧げたのもこの時分のことである。帰朝に際しこれを画家のドッジ＝マクナイド Dodge Macnighd に贈ったが、追慕禁ぜず、帰国後、またたび一包を添えて孤雲に寄する一文を送っている。

　コーチャン！　お前は寂しいのかい。孤独はお前や私よりも一層高貴な多くの人々に課せられた運命なのだよ。

ここにも、すべてに於て情緒の細（こま）やかなる天心を観ねばならない。

三　帝国大学での講義

愈々切なる祖国愛

必要以上に米国で優待され厚遇されたが、それだけに、結果としては愈々祖国愛を高めるばかりであった。毎年一年の一半を孤寂に鎖されて過ごさねばならぬことが如何に堪えがたい怨みであったろうことは、愛猫孤雲に寄せた情懐細やかな一文の上からも窺われる。その半年を異国に過ごして朝日さす我が日本に帰った時の耐えがたき満悦、亦これを想像するに余りある。

春草と大観

帰来して足一たび故国の地を踏むや、まっしぐらに五浦に赴く、そこに情懐の人天心を観る。さわあれ転変の戯れは、この辺陬をも襲うことを忘れない。移住の際諸共に伴い来った門下四人の内、春草は滞留僅かに一年有余にして眼を病んで東京に帰住した。大観もこれに次いで火を失して家を焼いてまた東京に帰った。観山と武山とは寂莫耐えがたく、長野に新潟にと、四月・六月という長滞在の旅行に出て、これも多くは五浦にはいない。潮風荒きところ、日本美術院の看板を護って在住するものは名取某と呼ぶ忠実なる小使老夫婦ばかりである。

家庭亦寂寥

周囲の寂莫に増して天心の家庭もまた寂しい。愛嬢高麗子は已に嫁して家にあらず、一子一雄もまた生を別個に求めて五浦を去る。広寛なる居宅在るものはただ貞淑の妻女基子だけである。帰着翌日直ちに水夫千代次を従えて孤舟太平洋の真唯中に乗り出して静かに綸を垂れる。心境亦察して察すべきではなかろうか。

東京帝国大学への出講

久方振りに祖国に帰り来っても、ほとんど世間からは忘れられて迎える人もなく、ただ自らを楽しんで世を過ごすべく期してあったその際において、思いも寄らず随喜の吉報は天の一方から来って自らを驚かした。東京帝国大学からの講義の要請である。東京帝国大学は少年時に身を寄せた母校である。夢寐の間にも忘れ得ない温褥でもあった。

厚情変らず浜尾新

そこに今、天心が学生時代からその才能を認めて引護の限りを尽くした浜尾新が総長として任に在った。天心が日本の官辺から嫌忌の焦点となって寂しく立っている姿を観て、徐ろに悽愴の感を覚えたのでもあろうか、折から天心の同学であった井上哲次郎が文科大学長の地に在ったので、これと諮って、文学部に東洋美術史の講述を托することになったのである。時は明治四十三年（一九一〇）の四月から七月まで一学期間、一週一回二時間ということである。すでに世界的に立場を占めているこの頃の天心から観るなれば、これしきのことほとんど歯牙にかけるほどのこともなかるべきであろうに、天心は歓喜して起った。東京美術学校退去以後、初めて廻り来った春の到来とも感じた。懐かしさに耐え得なかった母校の教壇でもある。正に満悦に溢れたものとも見られた。そこにまた豪傑天心の半面に子供のような純真さのあることを多としなければならない。

初めて到来した春の感

初め井上文科大学長が浜尾総長から、天心起用の内意を伝えられた時、幾分難色のあるものがあったが、各方面から考慮して、天心と同時に、滝精一を講師に迎え、両者同時に相並んで東洋美術史の講述に当らしめることとして実現を見たといわれる。滝精一は南画の作家滝和亭の長子であるが、和亭の弟で精一の叔父に当る高橋健三は、知られる如く、生前天心と親交あり、共に計って美術雑誌『国華』の刊行に当ったもの、深縁あるものとしなければならない。天心この時の講義は一回限りで退いたが、その後は門下生の一人たる中川忠順が代って日本美術史の講述を続け、滝精一は教授に進み、同じく日本美術史を講じて後年に及んだ。

滝精一と同時出講

泰東巧芸史

この時、天心は東洋美術史を自ら泰東巧芸史と命名して講壇に立って講述した。泰東という名は泰西の語に対して初めて天心が命名したもの、巧芸の名またこの時天心が初めて用いたものであるが、今は成語として学界にもまた社会の上にも広く諒解され流通するようになっている。講ずるところ、巧芸史の名をもってはしたが、この時の講述期間は短時日のことであったがために、一つの歴史として、編を分ち章を立て、時代の変遷と交互して進展変化の迹を叙述するということは出来るところでもなかったので、特殊の方法を考慮して、先ず印度・中国の古い時代から日本の現在に到るまでの、それぞれの時代に随って、あるいは宗教的のもの、あるいは世間的のもの、もしくは、史蹟・遺品、又は法運・作家・題目、あるいは様式・系統等々、それらを明らかにすべき各種各様の精細な表を作り、それに代表的な作家もしくは作品等に至るまで挙げて実例を示して附載明示し、それを講述毎に教壇において、次ぎつぎに掲示して、まずもって概念を想起せしめ、これに対して明快適切なる解説批判を加えて理解せしめるという、一時間毎の一種の史話といえばそうも言い得るものを試みたものであった。随って唯一回聴講しても、それだけの効果もあり、時に応じて便宜何回か聴講するとしても、将たまたこれを理解し得るだけの素質あるいは準備知識さえ有れば、それだけ聴講するものの分に応じて知識・学力ともなり、また啓発を受けることともなると

一流独得の講述

日米交換教授受諾

いうべきものであった。さりながら説くところ、要を摘(つま)んで多くを言わず、含蓄を言外に寓し、分に応じての諒解に任ずる一流独得の微妙なる講述であっただけに、測り知られぬ深さをもつ内容は、素養の充分でなかった学生の多数には、容易に真諦(しんたい)を味うまでに到り得なかったやに思われぬでもない。それにしても、今は世界的の名著英文三部作によって名声の籍甚(せきじん)されてあった天心の開講というので、聴講生は極めて多く、あるいは現在大学に学籍を持たぬものにして特殊の手続を取って聴講の席に列(つらな)ったものも少ないものではなかったが、また中途にして聴講を廃したものもあったともいわれる。いずれにしても天心がこの時において我が帝国大学に出講し得たことは、祖国愛に燃える天心に取って、限りなく自ら慰め得て、浩洋たる気分になったであろうことは疑うべくもないこととすべきである。

この後、更に大正二年(一九一三)には、外務大臣として牧野伸顕(のぶあき)が任にあったが、五月というに、翌年度においての日米交換教授として米国に出講すべく推薦交渉があった。この頃日米相互の間において年々行われ来った行事の一つである。天心は言を承けて快諾したが、これは逝去のために果し得なかった。それで天心に代って姉崎正治博士が渡米してハーバート大学で、日本宗教史を講述した。ハーバート大学では、また前年天心が帰国不在中にマスター＝オブ＝アーツの学位を送り、天心欠席のままに、座を設けて総長の推薦の辞もあり、盛大なる贈呈式も行われていた。

二〇　冬を待たず巨星隕つ

一　秋近くして身辺寂寥

世に出ることの早かった天心

天心は偉材であり、豪傑であったが、世に出たのも甚だ早かった。大学を出たのは十九歳である。二十六歳には率先国粋発揮の象徴として東京美術学校を設立に運んで幹事の任に就いた。実際においては学校長として一切摂理の衝に当ったものである。三十歳前後においては、美術学校と博物館を牙城に、延いては、宮内省に、また内外博覧会に関連して農商務省にと、重要な官辺に勢威を振った。それと共に民間においては青年団体を率いて画壇革新の上にも活躍した。文字通り八面六臂これ足らざるまでの多端多忙でもあった。その間にはそれだけの効績も挙げた。

爾かし出足も早かったが失脚も早かった。一たび官途を去っての後、地を替えて私学をもっての活動を志して起ったが、これは事志と違って、出発に花やかさを見せただけで事業も頓挫したが、同時に一身も挫折した。去ってインドに遊んだのは明治三十四年（一九〇一）で四十歳の時であるから、花やかであった日本での活動時期は二十年には充たなかった。その間において、若い時のフェノロサや芳崖はいうまでもなく、公私共に、あるいは手を取り交わし、あるいは互に扶けあい、行を共にしたものも少なくはないが、中にも、少年期の学生時代から全盛時代・失脚時代を通じて晩年に至るまで、始終一貫天心が才能の非凡さを認めて、それを発揮せしむべく努めて倦まなかったものには浜尾新がある。続いて同僚としては牧野伸顕も数えてよかろう。芸術の上において同心一体として事を共にしたものとしては雅邦を挙げなくてはならない。また美術学校在職の十年間から美術院

日本での活動時期は短かし

浜尾新と牧野伸顕

雅邦との親交

大観と春草

観山愛護

の五浦落ちに至るまでの間において膝下にはごくんで一家を成すに至らしめた門下生は少ないものではないが、中にも心奥から師恩を感謝して熱愛を捧げ、傾倒の限りを尽くしているものは大観であり、続いては春草であろう。インド行如何といわれれば直ちに起ってこれに応ずる。米国へといわれればまた有無なくこれに随う。五浦移住を説かれれば、それも直ちに家を挙げ都を棄てて汐風荒き辺陬に客となる。そうした厚誼に結ばれた師弟が世に容易に有り得るであろうか。観山も勝れた愛弟子の一人ではあるが、これは抜群の優技によって特に待遇されたもの、天心絵を語れば、語り終らざるに語るところの絵すでに胸裡に成ると観山は言っていた。天心想うところ観山の筆に移して名画は成る。愛せざるを得ない。観山またすべてを棄ててこれに奉じた。

地を日本に失い、東京を離れて後も、上京することは怠らなかった。上京する毎に客となったのは雅邦の家であった。時に十日・二十日の滞在をすることも珍しとはしなかった。老来、心の友と語り合うことが何ものにも勝っての相互の慰労であったと思われる。両家の厚誼は雅邦歿後まで続いたが、その生前最後の訪問は明治四十年（一九〇七）の冬で、折から雅邦は胃癌を疾んで重態の病褥に在ったが、天心はその枕頭に坐して携帯の弁当箱を開いた（天心は外出には必ず弁当を持参するを例とした）。自らも箸を採ったが、やがてその内の魚肉か牛肉かの一切を挾んで雅邦にさし出した。瀕死の老雅邦はこれを受けて一口に呑み下した。それを見るなり天心は開いた弁当箱を手にして起ち上ったが、涙滝の如く廊下を走り廻ったという。それが両者の永別で、米国出発を一便延ばして日本を離れたが、訃報は米国において翌四十一年（一九〇八）の一月に受けた。

雅邦との生別

　秋の夜に月を失ひし心地、今更の如く浮世の頼りなさを感じ申候。

と言い越している。無量の哀傷であり感慨であったであろう。

春草を弔う

　春草にはまた雅邦と異なった将来への期待を持っていた。「観画」「拈華微笑」、そうした作品を観ても知る如く、春草は若くして、勁く、軟かく、含蓄の多い、勝れた線条の美を、その絵の上に持っていた。然るに時勢に応じての新画樹立のためには、その線条を棄てての無線主彩の描写に入った。四面楚歌に包まれた米塩空乏の苦を忍んで、只管に主張の上に邁進した。婦人の如き相貌にありながら容易ならぬ強のものである。春草かつて語って言う。自分は先生には好まれていない、それは知っている、さりとて情にも勝れてはいるが智をもってあれだけ勝れているものは二百年・三百年しても、在り得ようとは思われない。然るに、会々時を同じうして生れ、縁あって師となり弟となって接触する、無限の幸福としなければならぬ。如何にお気に召さなくとも私は離れ得ない。最も家庭的に困厄の境にありながら餓死なお辞せずとして五浦までも随った。然るに居ること一年にして病に罹って五浦を離れ、更に二年有余、明治四十四年（一九一一）「落葉」と「黒き猫」の名作を遺して早秋の露と消えた。天心において多恨であり、痛惜であったことまた察するに余りある。

翌四十五年（一九一二）の四月をもって、同好と謀って東京美術学校を会場として、遺作幷追悼展覧会を催したが、この時、大観・観山・広業・玉堂及び武山は、各々金地六曲屛風一双に力作を描いて披展し、これを遺族に寄贈して遺族の生活幷びに遺子教育の資とした。また天心が率先指導に当ってここに至ったものとする。

中国よりの帰途女婿宅の滞在僅かに興をやる

春草追悼展覧会閉会後、中国に赴き、辛亥革命によって清朝転覆後混沌の境地にあった北京を訪ね、奉天・朝鮮を経て帰国したが、長崎に着するや、熊本在任中の女婿米山辰夫の邸を過ぎり、東京よりは実妹の山田未亡人てう子をも招き寄せ、久方振りの家族的団欒に数日を送り、時に名境水禅寺の池に舟遊を試みては、

行く舟の　いづこの岸に月の宿　粋な姿の水禅寺　緑の中橋　かけまくも
松に契りをみどり川
舟とめて　月を待つ間の柳かげ　星か螢か一つ飛ぶ　君はいずこか　ほとゝ

ぎす

など雅作を試みては、てう子未亡人の三絃に合わせては自らも興じて唄った。しきりに身辺の寂寥を感じておったかの如く観られる。天心のうさ晴らしとも観られない事もない。

故郷福井往訪

前年には弟由三郎を伴って久方振りに祖先由緒の地福井を訪ねて旧址を探り、祖先の墓にも展している。これも何等かの暗示のあるところからとすればまたそうも解せられないこともない。兎も角も身辺明るさは遠のき来ったと観よう。

やがてインドから英仏を経由して米国に赴いたが、この間にもまた意気の沮喪を感ぜしめたと語られている。

二　赤倉高原の露

大正元年（一九一二）の十一月に米国に着いたが、気分勝れず、時に突発的の変調を見ることさえあったとあって、周囲の人々の勧説に随って、マサチュウセッツ州の山間の勝地に転地して暫くは静養にも努めたが、なお復常に至らないので、

米国より期を早めて帰朝

翌二年（一九一三）には帰朝を早めて二月ボストン出発、三月十八日には横浜に帰着した。健康勝れざるためとあって、この時は背広の洋服を着用しておったので出迎えの家族の人々を驚かしたといわれる。東京に入っては、両三日を橋本邸に過ごして労を休め、直ちに五浦に入った。

五浦にて竜王丸竣工

五浦ではまた前年米国滞在中に自ら案を練って設計し、更に日本に持ち帰って平潟の船大工の説を聴き、意匠を凝らして作らしめた新らしい船が落成して天心を待っていた。船は中央部の胴の間に七貫匁余の真鍮板の挿入があって、これを適当に操縦することによって、帆の上下も出来る、風浪の強弱にも応じ得るというところに要領があった。天心は観て喜びに堪えず、命ずるに竜王丸の名をもってし、橋本永邦に嘱して八大竜王を描かしめ、これに自ら筆を執って、「立天風静、慈海波寧。希風無恙、永仰威霊。」の四

句を題して旗印とし、操舟の青年千代次に鈴木庄兵衛、それに船大工及び平潟の釣師を招いて新造祝いの盛宴を催した。それにしても健康は益々思わしからず、僅かに一ー二回乗船は試みたが遠海に出かけるほどの勇気もなかった。心身の衰弱を見ざるを得ない。

かようにして自ら精魂を傾けて考案し、それが見事に出来上った竜王丸にさえ多くは乗らずして日を送り、寄生していた十二指腸虫の駆除などにも努めておったが、幾分小康を得たのを機として六月には上京し、妻基子上京の折の滞在場所として田端に仮寓を求め、更に嗣子一雄の嫁の自由結婚であったために、天心からは孫の男児の出生さえありながら、武家気質の妻の基子の容認しなかったので何とはなしにこの時にまで及んだのを、ここに更めて鶯谷の伊香保に親族・縁者を招いて形ばかりながら披露の宴を張って紹介を遂げた。これも天心の気を安からしめたところであったろう。その翌日、天心は直ちに嫁と孫とを携えて五浦

嗣子一雄の結婚容認

孫と遊ぶ天心

に帰り、松籟（しょうらい）静かに到る前庭の芝生に孫と共に下り立っては遊び暮らして満悦禁ぜざるものの如くであったといわれる。辛辣（しんらつ）熱烈の当年の天心は見られずして、唯人をして好々爺（こうこうや）の存在を見せしめたものであろう。

最後の奉公　法隆寺壁画保存に関する提案

八月には文部省において古社寺保存会（今の文化財保護委員会の前身）があるので、上京して橋本秀邦邸に滞在し、それから登庁してこれに出席した。折から東大寺大仏殿修理の大工事が完了した時であったので、八月二日の本会議の席上において、天心は我が国宝中の国宝として全世界に誇るべき法隆寺の壁画保存の方法を、何ものにも先だってこの際に講ずべきことの必要且速急なることを力説して全会員の同意を得、更に保存会の名をもっての調査及び保存機関設置の建議提出ということに進んだので、天心は直ちに病軀を押して筆を執り、その間二回まで下血したのを忍び、隣席の三上参次博士の助力を得て起草を遂げ、文相への提出とまで運んで退席した。

かくて直ちに橋本邸に帰って病床に入ったが、症状思わしくないので、田端の仮寓に移り、緑川功を主治医に、実妹の山田てふ子の看護の下に療養に手を尽くしたので幾分の小康を得たが、折からの盛暑でもあったので、意を決して八月十六日というにてふ子を附添として赤倉の山荘に発途した。その前夜は息一雄夫妻を枕頭に招き、雑談に寄せて、くさぐさの処世訓を与えたといわれる。ここにも情愛濃（こま）やかなる父と

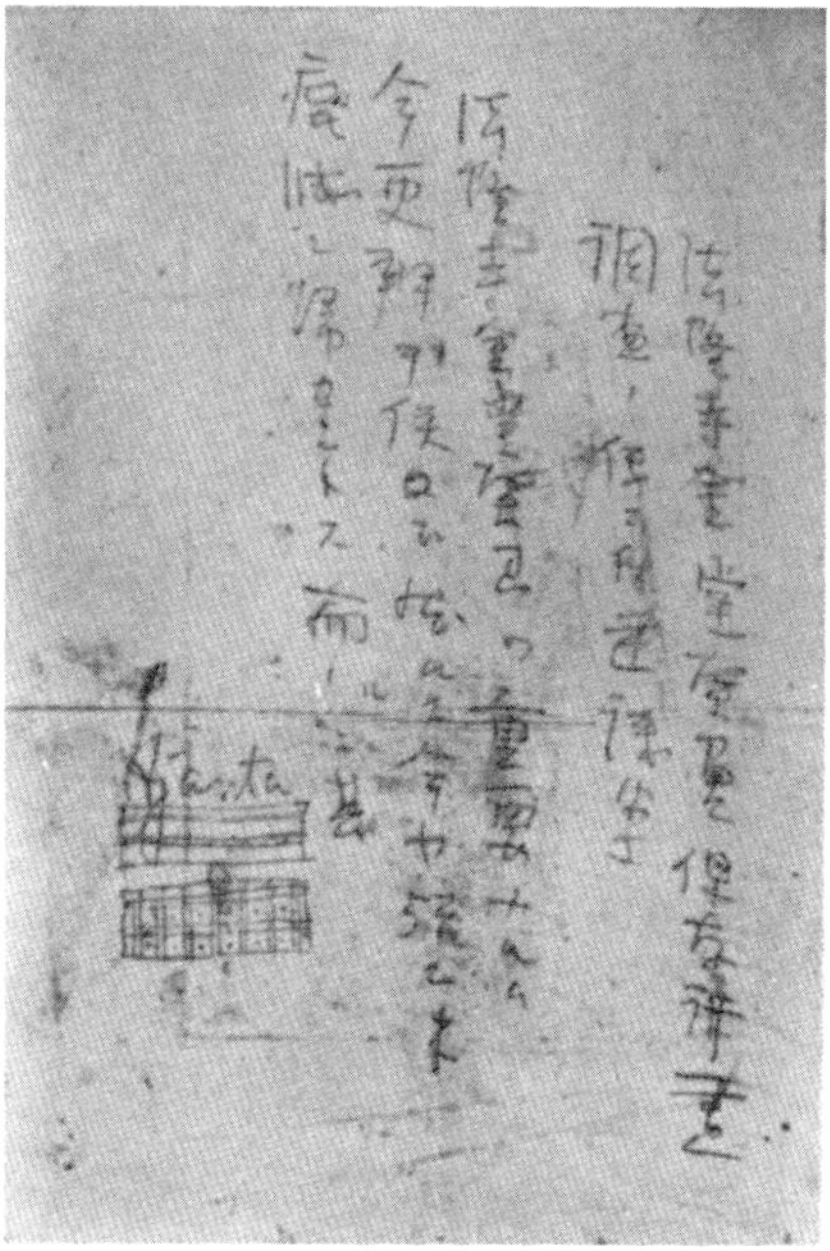

法隆寺壁画保存法講究建議案覚書
（保存会席上）

しての天心は観られる。

病を押して赤倉に赴く

小康を得たとはいえ、病勢軽からざるに、長時間を汽車に托してまで遠く赤倉に赴いたことに就いて、家人は高原清爽の気に接して心身の静養に資するためだといっているが、すでに自らは不起を悟り、瞑目の境をこの清浄界に求めたものであるとするものもある。病としては痔核もあったが、慢性腎臓炎の悪化といわれている。山荘に着いて、清らかな温泉に浴して俗塵を洗い、悠揚たる高原を眼界に収めて一時の清快は貪り得たもののようであったが、四日目の深夜というに、

病熱悪化

俄然不測の発作を起し、それから病勢は急転して一勢悪化、報を得て、五浦からは妻の基子、東京からは一雄夫妻に、弟の由三郎、それに米山高麗子も馳せ到れば、緑川医師も来る。門弟子としては横山大観に下村観山、橋本雅邦未亡人に、六角紫水・岡崎雪声・川合玉堂・中川忠順・米原雲海・木村武山、とりどり急を聞いて馳せ登る。医者も二人―三人、何やかやと尽くせるだけは手も尽くしたが、

赤倉の露

所詮は運命の極まるところ、九月二日午前九時というに、天心は親類・一族から、大観・観山・紫水らに囲まれて永遠の眠りに就いた。

遺骸帰京

遺骸は特に高原の白樺を材料として造られた大きな寝棺に収められ、その寝棺の上には、桔梗・女郎花・萩・尾花と、裾野に咲いた秋の野の花を無雑作に刈り取ったものを載せてこれを蔽い、翌三日の未明に山荘を出て、一同扈従して裾野の細道を下り、田口駅から上り列車に舁き乗せて東京に向った。東京の上野駅に着いたのは午後八時であったが、駅頭には男爵浜尾新を初めとして、牧野伸顕・有賀長雄・三上参次・高村光雲・竹内久一等々百余人、悲痛の面に包まれて、変った形をもっての帰来を迎えた。柩は近親・門下に擁されて本郷竜岡町の橋本邸に移され、そこに二日の通夜が営まれて九月五日の出棺まで安置された。

葬儀

葬儀は谷中の斎場で行われたが、橋本邸から上野公園下を通って斎場に到るまで、秋草に包まれた柩の前後左右には、門下生二十余人が、いずれも白木綿の衣服に白地雲斎の袴、藁草履にて扈従しての行列をもって粛々として歩を進めた。当時においても異様の行装であった。

斎場には霊柩の前に、単に「釈天心」と記るされた位牌が安置されただけであった。導師は永称寺住職和久隆広師黒衣一着、伴僧もなく、素より、綺羅金襴の美を飾らず、読経は僅かに五－六分の短かさ、そうして列席の大衆をして無恨の緊張を覚えしめた。偉人天心の最後を象徴したものとしてまた人の記憶を新たならしめたものである。会葬せるもの一千人という。

染井の墓

遺骸は直に荼毘に附しての後、染井墓地(東京都豊島区)に葬られた。墓は早崎稉吉の考案に成る、方形の石の正面に釈天心の三字を刻し、その上に芝を植えて土饅頭を築いたもの、すべて中国の様式に拠ったものといわれる。

五浦の墳墓

更に五浦にも、旧居に近く松籟間断なく咽ぶところ、大洋に面して地を相し、土坡をめぐらして塋域を作り、その中央に分骨埋葬し、上に一個の土饅頭を築いて標徴とした。かくて「無窮を趁う」なる箴言をもって芸術の上に臨んだ芸術の神霊は、ここにも永遠に鎮まりましまして、同じき道を歩む人々から尊き聖地として崇められることともなった。

われ死なば　花な手向けそ浜千鳥　呼びかふ声をかたみにて　落葉の下に埋めてよ　十二万年名月の夜　訪ひ来ん人を松の蔭

天心の筆の跡は、そのままにこの境地であらねばならぬ。

二一　歳と共に高まる追想景慕

一　随処哀惜追悼

早くも迎えた隠棲気分

天心歿する時、日本在来の数え歳をもって五十二歳、いわば壮年期であり、働き盛りとすべきであろう。さりながら天心はすでに、三十歳・四十歳の若き時に、最も活潑に、働くだけは働き尽くして大きな効績も挙げている。一般の人の成すべき仕事の何倍かの仕事も成し遂げてもいる。それかあらぬか、五十歳の声を聞かずして健康も勝れずなって来た。自らも五浦(いづら)老人など称したほどに、寧ろ隠棲(いんせい)生活を楽しむ気分に入った。米国でこそ第一線に立っていたが、それも進んで、好んで立ったというよりも、複雑な周囲の事情がそこに至らしめたものと観てよかろう。日本に帰って、五浦に退いて大洋に魚を釣りながら、古賢の書に親しむことが、寧ろこの際においての天心の意の適（ゆ）くところであったと観るべきである。それだけに、社会全般からも、年一年と、忘れられ勝ちになって来た。過去の人というほどにもないが、それに近い感じを持たれるようになって来た。それが天心の逝去前何年かの日本においての天心の境涯であった。

今更の如くに高まる痛惜の声

それだけに、一朝にして天心歿すの報の伝わるや、世は挙げて、今更のように、当年の派手やかな活動も想起すれば、活きた記憶をも呼び起した。効績の啻（ただ）ならぬものも認めれば、希（まれ）に在るべき偉材であったことも感得する。痛惜も湧き、哀傷も漂う。日本においても、米国においても、時を移さず、追悼追慕の会合が催され、故人を偲（しの）ぶ声は高まり至る。まことにその人の蘇生を観たような現象も呈した。また偉人の歿後に観る特殊の事態ともしよう。

米国での追悼会

まず米国においては、尽七日忌（じんしちにちき）相当の十月二十日をもって、ガードナー夫人の主催によって、ボストン市のフェンウェー＝コートにおいて、仏式をもって追悼会が営まれた。天心を知っていた紳士淑女の多数も出席したが、在留日本人は羽織袴の日本服着用で列席した。同時に交換教授としてハーヴァード大学に仏典講義中であった姉崎正治博士は、進んで霊前に法華経無量寿品を読誦して冥福を祈った。

ボストン博物館の追悼文

また『ボストン博物館々報』においては、天心が長い間、行を共にした親友のビゲローと、天心の後を承けて、新たに東洋部長となったジョン＝エラー＝ロッジと連名をもっての追悼文を掲げ、天心の学識を推讃しては、独創的の見解を持った、東洋美術の近代の最大学者と挙げ、独り美術・詩歌に就いてのみならず、歴史・哲学・宗教に亘っても幾たびか原地まで踏んで調査に当った学徒と推し、更に表現においては簡潔にして力強い英語と健全な典型的の常識をもって、明快に且つ興味深く発表を試みてもいるとして、最大級の賛辞を捧げて追悼の誠意を示している。

日本での追悼法要

日本においての追悼法会は、十一月十五日、学界・美術界その他の有志三百余名が東京美術学校に集まって、最も厳粛に、且つ最もしめやかに催された。これも深縁ある法隆寺の貫主佐伯定胤大僧正がまず経文読誦の供養を遂げ、続いて浜尾新・九鬼隆一、並びに門下総代として横山大観の追悼辞が捧読され、それから遺族並びに参会者一同の焼香礼拝が行われて、一応式を閉じ、更に席を精養軒に移して晩餐ながらに故人を偲ぶこととなったが、法会の席において浜尾新が読誦した追悼文は縷々数千言に亘る長文のものであって、流石に最も天心を知悉し、

記憶さるべき浜尾新の追悼文

始終一貫その暢達と、有するところの才能発揮を望んでやまなかった人であっただけに、永訣に際して最も感慨に打たれたものもあったであろう。その胸裡に包まれた無量の感慨をここに披瀝して、言々剴切悲痛を極め、哀惜尽くるところを知らず、涙なくしてはこれを聴くに耐えざらしめるものがあった。

三上博士と三宅博士の天心の観方

晩餐会の席上においても、またそれぞれその方面を異にしての立場から多くの感懐が述べられたが、中にも三上参次博士が、例を富士山に取り、天心は世にも希なる偉大な長所を持っていたが、一面にはまた欠点もあった。恰も富士山に宝永山のこぶのあるようなものである。東乃至南の方から富士山を仰ぐ時には、この宝永山は瘤となって目障りになる。さりながら西乃至北から眺めれば宝永山は隠れて見えない。富士山の姿は勝れて美しく観られる。天心を観ることまた爾かくあるべきで、長所は仰ぐべし、短所は観るを要しない云々と述べて、首肯するものに首肯せしめたが、これを聴いて直ちに起ったのは三宅雪嶺博士で、博士は言をなして、富士山がつまらぬ山ならば宝永山は瘤にもなる邪魔にもなる。富士山は群を絶した逞しい立派な山である。そこに宝永山があるのは寧ろ風情を添える。天心もアレだけの偉らさを持して立っていたものである、一面に欠点のあるのは、寧ろ人間味を加えて情味を添える、風格も増す。何も短所を殊更に覆うて一方だけを観ようというを要しない云々。畢竟は、それもこれも歴史家たる三上博士の言うところと、哲人たる雪嶺博士のいうところの相違とすべきであるが、同時に天心その人を語るものとしなくてはなるまい。

二　日本美術院再興

送葬直後の再興提議

永眠直後に行われたかずかずの追悼行作の中で、最も大きなものは日本美術院の再興であろう。英霊の昇天を見送っての帰後に開かれた会合の席上において、先生の霊を慰め且つ先生の遺志を達成すべき最大にして唯一ともいうべきものは、当然日本美術院の再興でなくてはならない。速かにこれを実現して先生に酬ゆべきことこそ門下生必然の任務である。吾らは直ちにこれに当るべきであると、まっしぐらに発議したものは横山大観であった。席に列なるものは門下生以外のものもあり、また同じく門下生としても、広業や鞆音や玉堂といったような関係を異にしたものもあったが、兎も角も一応は、その場で一同の同意を得た。ただ関係を異にするものはその後、事の進むと共に漸次遠ざかったので、結局、実際においてこの大事業は大観と観山とが主となって提携して相当ることになった。両者性格の異なるところ、大観はどこまでも主役に立ち、観山は従の地に就いたまでである。

主として当った大観と観山

この頃においては、大観も、美術院創立の頃とは違って、社会的にも声名を馳せて居然たる地は保っていたが、さりとて懐中乏しきことにおいてはその頃とほとんど相択ばない。観山に至っては、これに反して青年作家中嶄然頭角を抜いたもの、内にまた幾分の余裕を保つ立場にもあったが、さりとてこうした事業に任ずべきほどのものではない。両者相携えて熱誠懸命事に当ったままでである。この時この際恰も好し、谷中上三崎南町瑞輪寺の門前に、前東京美術学校長久保田鼎の邸跡三百五十坪という好適の地が空虚になっていたので、直ちにこれに交渉し

早くも起した建設の工

て、十二月に大観・観山連帯共有の名儀をもって買収、同時にその地を抵当として金を借り入れて買収費を支払い、借りた金は年賦償還とし、もってその地に直ちに研究所建設の工事に着手した。瓦葺二階建の日本造畳敷にて、百二十坪の本館と、四十余坪の別館、それに十六坪の管理人住宅がその折の全貌である。これほどのことを企てて工事も半ば進んだ時になって、初めて一口金五百円、これに対して大観・観山・武山・紫紅・未醒各一点の新作画計五点を謝礼として提供するという条件の下に、五十人の賛助会員を得て、兎も角も事業処理の道をつけた。かくて天心が一周忌日法要の大正三年九月二日に、開院式挙行にまで運んだのである。すべては天心式の疾風迅雷の処置そのままで、また大観の一面とも観る。

再興開院式

発起人としては大観・観山の外に、武山・靫彦（ゆきひこ）・紫紅、及び未醒（びせい）、実技家以外では辰沢延次郎・笹川臨風及び斎藤隆三も名を列ねたが、実際的には大観・観山両人の挺身的努力をもってしたものである。この内、未醒は大観との関係から複雑な事情があってこの時に参加したもので、天心に縁故はない。辰沢は東京の実業家で天心にも大観にも関係は持ったものではあるが、資金構成の上には何等の助力も受けてはいない。

大正三年九月二日、構内に勧請した天心霊社の祭典を行うと共に、開院式を挙げ、直ちに再興記念展覧会の開会を発表、公募を以て作品を募って、十月十五日から日本橋三越の旧館を会場として開会した。大観の「游刃有二余地一」、観山の「白狐」、靫彦の「御産の禱り」、紫紅の「熱国の巻」、古径の「異端」、青邨の「竹取」等の名作の出品があり、古径・青邨・勝観

日本美術院構内天心霊社

及び彫塑（ちょうそ）の平櫛田中（てんちゅう）らを挙げて同人の列に加えた。

開院直後の苦境を切り抜く

当初の数年は内帑（ないど）空虚で、紙一枚の使用にも心を用いるほどの有様であったが、唯一意熱誠を傾けての拮掘（きっきょ）経営、先師天心に報ずるの一念の致すところ、展覧会には逐次名作・優品の披展もあれば、有為（ゆうい）の作家の育成にも効果を挙げ、それに随って経営も緒に就き、一国文化の進展の上にも貢献すれば、米国を初めとして欧州方面への海外宣伝にも卒先して力を致したところ少なしとせず、今や鬱然（うつぜん）たる存在として四十五年を経過するに至った。この間一貫して大観は芸術の上においても、経営の上においても、身をもって尽くしたものであったが、昭和三十三年（一九五八）二月、九十一歳をもって病歿したので、その遺志によって組織を財団法人として将来に処することにした。天心を永久に記念すべき最大のものであらねばならぬ。

三　銅像建設

天心銅像建設の議高まる

大観の提議に因る全身像と覆堂の建設

東京芸術大学の構内には、前身の東京美術学校時代から、フェノロサを初めとして橋本雅邦や川端玉章・加納夏雄に、石川光明・寺崎広業、その他同校に在任した名家・大家の功績のあるものの胸像が、教えを受けた後進によって建てられて存在する。然るに同校の建設者であり、万難を排して基礎を築いた最大唯一の功労者である天心の像だけが、退任された時の事情が特殊のものであっただけに、何等の記念的の設備さえも講ぜられずに後年に推移した。自然それを遺憾とする声も随処に起ったが、昭和六年（一九三一）、正木直彦が学校長時代の晩年になって、それが具体化して胸像建設の議となり、大観まで相談となった。大観はその相談を請けて、どこまでも賛助しますが、先生は胸像は好まれなかったので全身像としたいということを進言し、更に露出像も先生の意志に背くものであろうという

除幕式の盛観

岡倉天心銅像
（東京芸術大学前庭）

ことで、これも全身像を収むる木造の六角堂建設というところにまで変化し進展した。そこには、経費の点に於ても最初の計画に比すれば莫大の相違を来たすが、一切は自分が負担しましょうというので事は容易に決定し、当時の学校長制服着用の全身像、原形は平櫛田中が作製し、覆堂は様式を藤原後期に範を取ってこれを近代化した総檜木造、銅像台座の正面には“Asia is One”の三字を刻した。工成って十二月六日に除幕式を挙げたが、来会者二百名、大観が挨拶を兼ねて銅像寄贈の辞を述べ、正木学校長がこれに対して式辞並びに銅像受領の辞あり、最後に内大臣牧野伸顕（のぶあき）が、故人の友人の一人として、各方面から故人を説いて顕著なる功績をたたえ、今更に追憶の切なるものあるを述べられたが、言辞悲壮を極めて列席者を感動せしめた。像は今に芸術大学玄関に近い前庭樹立（こだち）の茂る間に厳然として立って、過ぎるものをして深甚の敬意を表さしめている。

観山所画の天心像

東京芸術大学には、なお観山描くところの天心画像を蔵置している。画像は天心が好んで着けた道服を身にし、卓によって書信を認（したた）めている図で、観山が日本美術院創立二十五年記念展覧会（大正十一年、一九二二）に、夢寐（むび）の間にも忘れ得ない故師の面影（おもかげ）を神会（しんかい）練達の筆をもって描出したものの第一作である。それが成って会場に披展された際には知るものと知らざるものとを問わず、これを囲んで感激の的となったものであった。

第一作を請い受けたウォーナー

この時会々（たまたま）ウォーナーは来朝中であって、横浜和田山の居に観山を訪ね、折から作成中のこの画像に接して往年を追懐して感慨禁ぜ

「岡倉天心先生」（下村観山筆）

ず、二回三回と訪問を重ねて業の進むを見て独り自ら慰むるものある如き態度にあった。これに同情して観山は試作として描いた第一作に色を加えて要所を極め、表装を施してウォーナーに贈ったものであった。その時にウォーナーは何ものにも勝るものとして、この一作を捧持して乗船し帰国したが、その後、日本に残った本図の完作が、大正大震災に亡失されたことを聞き、あれほどまでに天心の精神から様相一切を写し出されたる名作は、米国にあるよりは日本に在って更に意義の深いものありとし、会々（たまたま）岡倉由三郎の米国に赴いた際において、これに托して美術学校に寄贈されたものである。今において、在りし日の天心の様相を偲（しの）ぶべき唯一のものである。ウォーナーの好意と共に永く仰ぐべきものとしよう。

ウォーナーの厚意

四　財団法人偉績顕彰会設立

すでに何回か説いたように、天心は常に三十年・四十年のさきを観て事を企て、

一時的に広まった「亜細亜は一」の語

事を処していた。おくれていた当時の一般の人々に理解されなかった所以である。天心歿後二十年・三十年を経過して初めて一般社会は天心の気持を知るようになって来た。これも当然の帰趨であろう。全集の刊行もあったが、英文著書の邦訳も次から次と世に出て、争って読まれるようになった。特に岩波文庫の袖珍本として出たものなどは、取扱いも手軽るであったためでもあろうが、世上一般に亘って一時を風靡した傾きさえあった。それに加えて『東洋の理想』の巻頭第一に喝破された「亜細亜は一なり」の一語の如きは、その表現簡潔にして意味深く、力強くして情味豊かに、広くも大きくも、如何ようにも解釈されるところから、人口に膾炙して一般的の常用語ともなれば、太平洋戦争の頃に至っては、軍部に流用されて大東亜共栄圏建設の合言葉にまで使用されるに至ったものである。一言にしていうならば、昭和初年以降の日本は、全面的に天心によって蔽われたといっても過言ではなかろうほどに、天心色の濃厚になった世の中でもあったのである。

赤倉永眠の遺蹟

恰も好し、この際この時、赤倉における天心永眠の歴史を持つ旧別荘地は、天心歿後、一たびは嗣男一雄の有に帰したが、幾くならずその手を放れ、その後転々しては、その度毎に分割も行われ、建物の存在する中心地一千五百坪だけが某氏の手に移って残存したのを、ここにまたこれを処分するの意志ありと聴いたものが、これを大観にまで伝え来ったので、大観は直ちにこれに応じて天心偉績顕彰会の設立を計画し、赤倉遺蹟はそのままこれを自ら買取って顕彰会に寄贈し、

天心顕彰会成立

基本財産として永久に保存することに進めた。偉績顕彰会の財団法人として正式に認可を得て成立したのは昭和十七年(一九四二)一月七日であった。名誉会長としては侯爵細川護立を推し、大観は会長となり、本書の著者たる自分は専務理事となった。天心逝去以来三十年の久しきに亘り手当らしい手当もせずに放任されてあったために、建物は全部腐朽して修理の途がなかったので、これは取り毀ち、礎

石を残して在りし当時の状況を明らかにし、壮大な温泉浴槽だけに何分の旧態を止めて保存するだけの注意を加えた。庭園は清掃を施して面目を一新した。竣工式を挙げたのは同年の七月二日であった。

五浦遺蹟の寄贈

五浦（いづら）の遺蹟は、大正十三年（一九二四）の八月十五日に、未亡人基子が病歿するまではこの海荘に寡居（かきょ）して、在りし蹟を護り続けていたが、遠逝後は女婿の米山辰夫がその後を承け、玄関から渡り廊・書斎及び台所等周囲の建物を毀ち、母屋（もや）だけを残してこの時に及んだのであったが、ここに顕彰会の成立を聞いて、宅地九百三坪、畑地一畝十八歩、建物七十九坪二十八、これを挙げて顕影会に寄附されたので、顕彰会はこれを容れて基本財産に編入し、もって赤倉遺蹟と共に永久保存を決定したものであった。

戦後の状勢変化と経済難

然るに時は到来して戦争は終結し、平和は回復したが、その後における社会状勢の激変は経済界において最も著しく現われて、すべての物価は戦前の二百倍・

顕彰会解散と五浦遺蹟の保存

三百倍の高騰を示し、貨幣価値は極度に低落して、顕彰会が七万二千円の基本財産の利子として得られる僅少の金額は、両遺蹟一ヵ月の維持にも足らぬほどの有様となり、一時は日本美術院からの援助によってこれを支えたものの、到底恒久的に善処するの途の立たなかったために、昭和二十五年(一九五〇)十月、まずもって赤倉遺蹟に対して理解ある懇談のあったのを幸福としてこれを処理し、続いて昭和二十九年(一九五四)に及び、国立茨城大学から教官及び学生の特殊教育の場処として五浦遺蹟を得たく、国力をもって将来に保存すべしということで特殊の所望があったので、顕彰会はこれを好機として、基本財産の土地・家屋一切はこれを茨城大学に寄附し、基本財産・通常財産の現金は又これを日本美術院に寄附し、正規の手続を経て財団法人は解散した。かくて天心が晩年十余年間身を置いた遺蹟は、怒濤の響に和して松籟到るところ、母屋の中心を成した当時の居間と客間と、更に庭前百歩を離れて巖頭に立つ六角堂と共に、厳然として当時のすがたを今に遺して偉人の在りし日の様相を偲ばしめている。

五　文籍続刊

文章の雄

青年時代文章上の活躍

天心は日本文に筆を執っても堂々たる一個の風格を保つ文章を持っていた。若い時から筆まめでもあった。小山正太郎の「書は美術ならず」に対する駁撃の長文を草して五ヵ月に亘って『東洋学芸雑誌』の誌上に発表したのは明治十五年（一八八四）の二十一歳の時であるが、その頃は気鋒特に鋭く、続いては、十八・九年にかけて鉄槌生の名をもって、大内青巒主宰の『大日本美術新報』の上にも健筆を振って論議を寄せ、美術界の振興に尽くしたものでもあった。若し夫れ明治二十二年（一八八七）『国華』の発刊に至っては、自ら発起人の一人として企てたるものでもあり、蘊蓄を傾けて堂々の論陣を張ったもの、詞章の上にも推敲を尽くして臨んだだけに、第一号掲載の「円山応挙」や、第二号の「狩野芳崖」の両篇の如き、文章の上からだけ観ても雄篇・力作として後に遺すべきものである。日本美術院設立後、同院発行の『日本美術』は院の機関誌でもあっただけに、これまた寄稿せるところ少なからず、時に数号に継続を期して美術史論等の掲載を試みたことも二―三回あったが、それはいずれも第一回だけであとは流れてしまった。兎に角、こうしたことの上から観ても、天心が文章の上においても一個の地を占めるものであったことは知るに足りる。随って公人の立場に立っても、一般美術教育行政やまた宗教行政、あるいはその他のものに就いても、億劫を感ぜず屢々長文の立案建議の筆を下してもおり、また博覧会の審査官などの任を帯びた時にも、その立場から一個独自の見解を披瀝して整然たる審査報告を起草発表し希望も述べている。文才の豊かなるところからしたものでもある。更に世界博覧会等に重要美術品等の出陳に際し、これは英文解説であるが、その度毎に執筆の任に当った。それは他に適材のなかった所からしたものではあるが、また毎回ともに天心の筆を執った所であった。それにしても日本在住の間は一巻を成して公刊せしめた著書はなかった。

英文三部作

天心が著書として世に公にしたものでは、いうまでもなく英文の三部作を第一に挙ぐべきであるが、それらはいずれも国外において発行し、国外に流布したものであって、祖国においては、その当時には入手することさえ困難であったのである。"The Book of Tea" の如き世界的名著とはやされたものながら、これ将た当時の日本においては外国通信に聞知したのに過ぎなかったのである。

日本美術院版の天心全集

天心の筆に成ったもので、一冊子の体を成して、日本において世に見えた最初のものは、大正十一年(一九二二)九月、日本美術院が創立二十五年記念として、邦文編二巻・欧文編一巻を一帙にして純和装の豪華版を以ての『天心全集』を編集し、内外の関係者に寄贈したのを初めとする。邦文編の編集は中川忠順が専ら当り、欧文編には岡倉由三郎が当った。日本美術史の体をなして公にされたのもこの時である。この時には別にまた普通版も作ったが、それも市場には出なかった。

遺族版天心全集

日本美術院の『天心全集』はかくて出版はされたが発市（はっし）されなかったので、要望はこれを機会に各方面に高まった。それに応じて公刊されたものが遺族刊行の『岡倉天心全集』三巻で、これは三部作の英文著述の邦訳に若干の小稿を加えたものであった。やがて昭和十四年（一九三九）にまた前者に未刊行だった小稿に仮に「東洋の覚醒」と命名したもの、その他を加えて決定版全五巻として刊行した。読書界の待望に応じたものとしよう。

英文著書の邦訳

清見陸郎著岡倉天心其の他

これより前に、すでに昭和四年（一九二九）には、村岡博の邦訳をもって『茶の本』も、岩波文庫の一として世に出ているが、袖珍本（しゅうちんぼん）の手軽るな小冊子であるために迅速に普及して数版を重ね、結果としては社会の各方面に亘り愈々天心に興味を持たしめることとなった。続いて昭和九年（一九三四）十月には、清見陸郎の『岡倉天心』が現われた。天心に対し限りなき尊敬と景仰を払い、全精神を傾けて書き上げた著述である。その後ともなお検討を廃せず、稿を改め、昭和十七年（一九四二）には『先覚者岡倉天心』、昭和二十年（一九四五）には『天心岡倉覚三』の二書も続刊している。特に最後の著書の如きは、病軀に鞭って無理を重ねたために、著者は印刷中に易簀して成果を見ずに終った。悲酸のこととする。これに雁行しては、岡倉一雄の『父天心』（昭和十四年、一九三九）や『父天心を繞る人々』（昭和十八年、一九四三）なども出ている。また村岡博の岩波文庫本も『茶の本』に次いで、他に及び、それと前後して研究社からは、三部書の英文原本も次々に刊行されて紹介されるに至った。

天心謳歌時代来る

まことに昭和の初年以後約二十年ほどの間は、世を挙げての天心謳歌時代を現出したほどの感あらしめたものであった。恰も時は、日中の間に次々の軋轢もあり、延いては遂に太平洋の大戦とまで発展した際でもあったので、この社会状勢と相待って、かつて東亜全面の覚醒を促さんがために力を致した当年の大東亜主義者たる天心を想起せしめたところから来たものともしよう。

顕彰会版の天心全集

天心偉績顕彰会が財団法人として成立したのは昭和十七年（一九四二）の一月であるが、当面の主要な目標は遺蹟の保存と完全な全集の刊行にあった。邦文並びに英文に成る一切の著書・論議・文藻を網羅し七巻としての刊行を予定し、まず「日本美術史」と「泰東巧芸史」とを、新発見の自筆手控を基本に補給を遂げ、昭和十九年（一九四四）に第六巻として刊行した、続いて昭和二十年（一九四五）に第二巻として英文編の一を上版したが、その時はすでに戦は終って進駐軍の駐劄時代となっていたので、一応はその許容を得ることが難事であったが、漸くにして発市した。その後は、顕彰会も解散し、随って全集の続刊もなく、中断してしまった。

大戦勃発の直前、一九四一年前後（昭和十六年頃）、東亜の風雲漸く急に、中国にても汪兆銘主席の南京政府というのが出来たことがあった。その時も同政府から『岡倉天心伝』を刊行したいとあって、我が国際文化振興会を通じ、自分まで執筆を依頼し来ったことがあった。自分は直ちに筆を執って小稿を綴り交付したのであったが、刊行に到らず、時局は転換したようであった。顧みれば一つの夢でもあるが、偉大なる先覚を景慕追懐する至情は、歳を重ねて、内外に亘り愈々高くなり行くことは知らねばなるまい。自分は今も、事実を詳述した正伝をまとめようと努めてもいる。

昭和三十四年（一九五九）秋に、昭和女子大学から佐々木満子女史の編集で、近代文学研究叢書の一として『岡倉天心』が刊行された。小冊子であるが、収められた著作年表には天心の著作・論文・言説の一切を挙げ、資料年表には単行本から雑誌・新聞に亘り殆んど一切の天心関係の論議・報道を漁（あさ）り尽くして列挙されてある。容易ならぬ努力の結晶として敬意を表する。

略年譜

年次	西暦	年齢	事歴	参考事項
文久 二	一八六二	一	一二月二六日、横浜本町一丁目の自宅に生る。幼名角蔵	父勘右衛門福井藩の売込店支配人として横浜に在り
明治 元	一八六八	七	弟由三郎生る	正月、王政復古○九月、東京遷都
二	一八六九	八	此頃、ジョン＝バラーに就き英語学習を始む。後に続く	
三	一八七〇	九	妹てふ生る○母野畑氏病歿す	
四	一八七一	一〇	父勘右衛門第三回の妻として大野氏静を娶る○神奈川長延寺に預けられ、漢籍を学ぶ	七月、廃藩置県○福井藩廃す
六	一八七三	一二	父勘右衛門横浜店を閉じて東京に移り、日本橋蠣殻町に旅館を営む。是に従って東京に移る○官立東京外国語学校に入学す	
八	一八七五	一四	官立東京開成学校に入学す○名を覚三と改む	

九	一八七六	一五	修学の余暇奥原晴湖女史に就いて南画を学ぶ	工部大学校内に美術学校設置され、洋画を教授す
一〇	一八七七	一六	四月、東京開成学校改めて東京大学となる。文学部に入り政治学・理財学を学ぶ○此頃、英米小説を耽読す	開成学校以来大学総理は加藤弘之、副総理は浜尾新
一一	一八七八	一七	此頃、森春濤に漢詩を学ぶ○又加藤桜老に琴を学ぶ	米人フェノロサ東京大学文学部教師として来る
一二	一八七九	一八	大岡定雄の女基子を娶る	三月、佐野常民・河瀬秀治等によって毎月一回開会の美術品評会竜池会結ばる
一三	一八八〇	一九	七月、東京大学卒業、文学士となる○一〇月一八日、文部省御用掛・音楽取調掛を命ぜらる。月給四五円	
一四	一八八一	二〇	三月、長男一雄生る○一一月、文部省専門学務局勤務となる。音楽取調掛兼務	
一五	一八八二	二一	四月、文部省音楽取調掛を免じ、内記課兼務となる○夏、フェノロサ及びビゲローと京都・奈良地方古社寺を歴遊す○九月、九鬼文部少輔に随伴し、京畿の古社寺を巡遊	フェノロサ竜池会に日本画の優秀を説く○工部大学内の美術学校廃止

			す	
明治一七	一八八四	二三	三月、長女高麗子生る○六月、命を請けフェノロサと京畿に出張、古社寺の名宝を調査す○七月、文部省内に図画教育調査会設けられ委員となる	四月、第二回絵画共進会、狩野芳崖出品「桜花勇駒図」フェノロサに認めらる
一八	一八八五	二四	一月、フェノロサ及び河瀬秀治等と鑑画会を起す○一一月、文部省に図画取調掛設けられ掛員となる○一二月、文部省下等属に任じ大臣官房詰となる○根岸御行の松辺に移居す	
一九	一八八六	二五	一月、文部省図画取調掛新設、主任を命ぜらる○三月、文部属に任ず○五月、判任官に叙し一等給下級俸を給せらる○九月、美術取調員として約九カ月欧羅巴（亜米利加を含む）出張を命ぜらる。直ちに出発す	
二〇	一八八七	二六	一〇月、欧州各国巡視を了え帰朝○同月一四日、東京美術学校幹事に任じ奏任四等下級俸を給せらる○一一月、専門学務局兼務	四月、竜池会、日本美術協会と改称○一〇月、東京美術学校設置公布

			を命ぜらる○同月、木挽町貿易館に鑑画会を開き、フェノロサと共に帰朝報告講演	
二一	一八八八	二七	三月、第三回内国勧業博覧会審査官を命ぜらる○九月、宮内省に臨時全国宝物取調局設けられ、取調掛を命ぜらる○一〇月、帝国博物館学芸委員を命ぜらる	一一月、狩野芳崖歿す○一二月、上野公園教育博物館跡に東京美術学校の校舎建つ
二二	一八八九	二八	二月、東京美術学校開校○五月、帝国博物館理事を兼ね、奏任官四等に叙し、同館美術部長を命ぜらる○九月、高田早苗等と演劇矯風会を起す○一〇月、高橋健三と美術雑誌『国華』を創刊す	二月、帝国憲法発布○一〇月、洋画家本多錦吉郎・小山正太郎等により明治美術会結ばれ、第一回展開く
二三	一八九〇	二九	六月、東京美術学校長心得を命ぜらる○八月、東京美術学校教授兼任○一〇月、東京美術学校長に任じ奏任官三等に叙せらる○一一月、藍綬褒章を下賜され正七位に叙せらる○冬、中根岸に移居。根岸倶楽部に交遊す	フェノロサ東京美術学校を去り米国に帰る○一〇月、宮内省に初めて帝室技芸員を置かる○一一月、第一回帝国議会開会
二四	一八九一	三〇	九月、日本青年絵画協会成り会長に推さる	

年号	西暦	年齢	事項	一般事項
明治二五	一八九二	三一	○一二月、正六位に叙さる○同月、臨時博覧会評議員となる 三月、東京高等師範学校に於て奈良時代美術史を講ず○五月、臨時博覧会鑑査官を命ぜらる○一一月、高等官四等○一二月、臨時博覧会事務官を兼ね、本邦美術と工芸の関係に関する報告書をシカゴ博覧会に送る。また政府出品鳳凰殿の英文解説を起草	
二六	一八九三	三二	五月、巴威里国王より贈与のハイリケ＝ミッハエル第二等勲章の受領佩用を許さる○此頃、早稲田専門学校及び慶応義塾に東洋美術史を講ず○七月、宮内省の命を承け清国に出張、同国内地巡遊、一二月七日帰朝	六月、東京美術学校第一回卒業生を出す。横山大観等卒業
二七	一八九四	三三	五月、東京美術学校授業方針変更、分期教室制とす	八月、日清国交断絶○一〇月、新帰朝の洋画家黒田清輝等白馬会を起す
二八	一八九五	三四	一月、高等官三等○三月、従五位○一〇月、美術協議会設置につき意見起草	四月、馬関条約成り、日清戦争終る○六月、京都に第四回内国勧業博覧会開会、雅邦「竜虎」等出陳

二九	一八九六	三五	三月、帝室技芸員選択委員を命ぜらる○四月、日本絵画協会成り、副会頭となる○五月、古社寺保存会委員となる○九月、父勘右衛門歿す○一一月、巴里博覧会開設のため臨時博覧会評議員仰せ付らる○美術研究所設置準備として奈良に地所を寄附せしむ○帝国博物館に『日本帝国美術史』編集の業を起し主任となる○此頃、天心の号あり	九月、東京美術学校絵画部に初めて西洋画部を置く。黒田清輝等教授となる○黒田清輝等白馬会を結ぶ
三〇	一八九七	三六	三月、巴里博覧会出品中に本邦木彫を加うべきことを建議し、実現す○四月、日本絵画協会第二回開会○六月、勲六等に叙し瑞宝章を授けらる○一〇月、日本絵画協会第三回開会○是歳、大橋乙羽等と文芸家・美術家の二十日会を起す○谷中初音町に移居	四月、大観「無我」、観山「光明皇后」、春草「拈華微笑」出品○一〇月、大観「聴法」、観山「継信最後」、春草「水鏡」出品○一二月、初めて国宝と特別建造物を指定す
三一	一八九八	三七	三月二〇日、願により帝国博物館理事を免ぜらる○同月二九日、文部省より東京美術学校長非職を命ぜらる○橋本雅邦等教職員一六人連袂辞職す○七月、日本美術院創立	一〇月、大観「屈原」、観山「闍維」出品○同月、帝国博物館を帝室博物館と改称

			を決し、湯島天神町に事務所を設く。創立披露会を芝紅葉館に開く○一〇月一五日、日本美術院を谷中初音町に設け、是日開院式。同時に日本絵画協会と連合展覧会を美術院内に開く○一一月、日本美術院展覧会を仙台に開く。雅邦等と共に之に出向す○続いて盛岡・秋田・大曲・横手等に巡回開会	
明治三二	一八九九	三八	一月、美術院展覧会のために東洋歴史画題を公募す○二月、福岡・広島に日本美術院展覧会を開く。之に伴って同地に出向す○続いて横浜・日光等に開会す○一〇月、日本美術院日本絵画協会展覧会開会○同月、日本美術院内に課題研究会を設く	
三三	一九〇〇	三九	四月、日本美術院日本絵画協会開会○五月、岐阜に日本美術院展開会○一〇月、日本美術院日本絵画協会連合展開会○同月、課題研究会を改め絵画互評会及び絵画研究会の	四月、観山「蓬莱」、大観「朝顔日記」出品○一〇月、大観「木蘭」、観山「大原の露」、春草「雲中放鶴」出品

年	西暦	年齢	事項	参考事項
			二とす。毎回臨席指導す	
三四	一九〇一	四〇	三月二八日、非職満期○四月、日本美術院日本絵画協会展開会○七月一日、正五位に叙せらる○同月、国宝調査のため京都・奈良に出張す○八月、広業・観山を日本美術院正員のまま東京美術学校教授に送る○一〇月、日本美術院日本絵画協会共進会開会。大観・春草出品せず○一一月、突如印度漫遊発途	四月、大観「老君出関」、春草「蘇李訣別」出品○日本美術院の画風に対し非難攻撃続き、冷嘲悪罵次ぎ、朦朧画と呼ばる
三五	一九〇二	四一	印度に越年、タゴール一家に親しむ○三月、日本美術院日本絵画協会共進会開会○一〇月、印度より帰朝、三〇日神戸上陸	一月、洋画団体太平洋画会成る○三月大観「茶々淵」、春草「王昭君」出品
三六	一九〇三	四二	一月、大観・春草をして印度に遊ばしむ○英文著書"The Ideal of the East"英国にて発行○五月、茨城県五浦に隠棲の地を求む○一一月、長女高麗子米山辰夫に嫁す	
三七	一九〇四	四三	二月一〇日発、横山大観・菱田春草・六角紫水帯同、米国に向う○三月二日、ニュー	二月一〇日、日露国交断絶

			ヨーク着○同月二四日、ボストンに入り、美術博物館の首脳者と会見、東洋部顧問に就任す○同月二七日、初めてガードナー夫人と会見す○四月、ニューヨークに於て大観・春草作品展覧会を開かしむ。成果を収む。続いてボストンその他に開会○五月、セントルイス万国博覧会の学術講演に出席、「日本的見地より観たる近代芸術」を講演、好評を博す○一一月、ニューヨークに於て "The Awakening of Japan" を公刊す。好評を得	
明治三八	一九〇五	四四	五月、米国より帰朝○六月、専ら五浦に在り、太洋に魚を釣って日を送る○秋、五浦の邸宅を改築す。初めて邸内に六角堂を造る○一〇月、渡米、ボストン博物館東洋部長として毎半年を米国に過すの約成る	八月、日本美術院の雑誌『日本美術』発行権を他に譲渡す○九月、日露媾和成立
三九	一九〇六	四五	春、ボストンに在り、社交界の寵児たり○五月、ニューヨークに於て英文著書 "The	七月、黒川真頼歿す

Book of Tea" 上版公刊。独文・仏文に訳され全世界に普及す○同月、米国より帰朝○同月、越後赤倉に地を求め別墅を営む。夏は一家此地に送る○八月、日本美術院の茨城県五浦移転を決す。雅邦に代って主幹となる○九月、ボストン博物館の用務を帯し中国に遊ぶ○一一月三日、ニューヨーク〃タイムス紙上に「小泉八雲の為に」を発表し、非難に対する抗議を公にす○一二月、日本美術院五浦に移転。横山大観・下村観山・菱田春草・木村武山また同地に移住す

四〇　一九〇七　四六

二月、中国より帰朝○春、専ら五浦に在り。旧臘移転の日本美術院を督す。青年作家その他来遊多し。ウォーナーの来遊・滞在も此頃なり○六月、文部省美術展覧会審査委員会官制公布。八月、第一部審査委員に任ぜらる。五浦より大観・観山また委員

六月、日本画旧派連盟、文部省任命の美術展覧会審査委員と対抗、正派同志会結ばる○一〇月、観山「木の間の秋」、大観「二百十日」外一、春草「普賢菩薩」出品

			となる。九月一日、日本美術院を中心に国画玉成会結成、会長に推さる○同月二二日、各方面の同好の名家を招待して、五浦に観月会を開く○一〇月、第一回文展開会○一一月一六日、渡米の途に就く	
明治四一	一九〇八	四七	是春、"The White Fox"第一稿成る○三月、米国出発、欧州経由、五月帰国す○七月、奈良講習会に出席、「寧楽美術の研究」を講演す○一〇月、国画玉成会第一回展覧会を開く。木彫会同時開会○一一月、渡米	一月一三日、橋本雅邦歿す○一〇月、国画玉成会に観山「大原御幸」、大観「煙月」「凍月」、靫彦「守屋大連」等出品
四二	一九〇九	四八	初夏、帰朝、五浦に在り○八月、赤倉に在り。日英博覧会国宝及び特別建造物写真帖編纂、英文解説を執筆○一〇月、国画玉成会、文展に合流す	九月二一日、フェノロサ、ロンドンに客死す○一〇月、大観「流燈」、春草「落葉」出品
四三	一九一〇	四九	四月一九日、東京帝国大学に「泰東巧芸史」を開講す○七月、文部省美術展覧会審査委員満期○八月、佐渡丸にて米国に向う○一〇月、ボストン市外ブルクリン村に一	第四回文展に観山「魔障図」、春草「黒き猫」出品

四四	一九一一	五〇	宅を購い、日本風生活を楽しむ 一月、米国より欧州に遊び、二月、ボストンに帰る○八月、帰朝す○此頃、ハーヴァート大学よりマスター＝オブ＝アーツの学位を受く○此秋、弟由三郎を携えて故郷福井を往訪す	九月、菱田春草歿す○第五回文展に大観「山路」出品
四五 （大正元）	一九一二	五一	四月、美術学校を会場とし、菱田春草追悼展覧会を開く○五月、中国に遊び、六月帰朝。熊本経由二週間後五浦に帰る○八月二日、土佐丸に搭じ、印度経由、更に英仏に渡り、一一月米国着、ボストンに入る	七月三〇日、明治天皇崩御。大正天皇践祚
大正　二	一九一三	五二	四月一〇日、米国より帰着○同月、新考案の坐乗船竜王丸成り、新造祝を挙ぐ○八月二日、病を押して古社寺保存会に出席、法隆寺壁画保存機関設置の建議案を提出、成立に導く○橋本邸に在り、病漸く重し○八月一六日、赤倉山荘に転地○九月二日、午前七時逝去○是日、従四位に叙し、勲五等	

			双光旭日章を授けらる○九月五日、東京谷中に葬儀を営み、遺骨を染井墓地に葬り、又遺志により、五浦に分骨埋葬して塋域を築く	
大正 二	一九一三	以下歿後	一〇月二〇日、ボストンに於てガードナー主催哀悼会を催さる○一一月一五日、東京美術学校に於て学界・美術界有志三百名集合、追悼法会を営まる	
三	一九一四		九月二日、横山大観・下村観山等、遺志をつぎ、谷中に日本美術院再興。是日、開院式を挙ぐ。構内に天心霊社を勧請す	美術院再興第一回展、大観「游刃有余地」出品
一一	一九二二		九月、日本美術院創立二五年記念式典を行い『天心全集』を発行す。観山に「天心先生」の作あり	
一三	一九二四		八月一五日、未亡人基子歿す	
昭和 六	一九三一		一二月、東京美術学校前庭に全身銅像建設さる	

一七	一九四二		一月七日、財団法人岡倉天心偉績顕彰会成立
二七	一九五二		一一月、谷中初音町宅址、及び日本美術院址、東京都より文化史蹟に指定さる
三〇	一九五五		四月、財団法人岡倉天心偉績顕彰会解散。五浦遺蹟は国立茨城大学に寄贈す

岡倉天心の遺跡に就いて

岡倉天心先生の遺跡は従来その終焉の地越後(新潟県)赤倉と、日本美術院を移転し別荘を持った常陸(茨城県)五浦の両地が有名であるが、生誕の地横浜については詳しい事があまり判然せず、記念の企てもなかった。ところが、昭和三十三年横浜開港記念一百年祭を機とし、横浜に於ける同好の士の発企により天心先生生誕記念碑が建立されることとなり、同年五月十六日その除幕式が行われた。碑は先生が岡倉覚右衛門の次男として生れた場所に当る現在の横浜開港記念館の左側に、道路に添うて建てられ、上に新海竹蔵氏作の先生横向きの青銅レリイフをはめ、下に安田靫彦氏の筆で「岡倉天心生誕の地」と横書きで記された大理石の瀟洒なものである。

次いで翌三十四年に至り、郷里福井の地に一つの御影石の石碑が建てられ、それには

岡倉天心郷家の跡

明治美術界の偉大な先覚者であり、東洋美術の真髄を世界に紹介することに努めた岡倉覚三の郷家、すなわち岡倉勘右衛門の住宅の跡である。天心は父の離藩後文久二年横浜に生れたが、父祖の地福井を愛し、常に自分は福井人である、自分の郷里は福井であると称して在世中いくたびも福井に来遊した。

と記されている。

赤倉には天心の歿後、横山大観の筆になる「終焉の地」と記された新旧大小二個の石碑と、細川護立(ごりゅう)氏筆の「亜細亜(アジア)ハ一ナリ」の大自然石碑と、入口に脇本楽(らく)之(し)軒(けん)氏の筆になる「天心遺跡赤倉山荘」なる小石碑とが在る。

昭和三十三年に至り赤倉天心会が組織され、細川護立氏を名誉会長に、畠山一

天心堂（越後妙高高原赤倉）（左背後は記念碑）

清氏を会長、五島慶太氏を副会長とし、天心堂を建立し天心記念像を安置する企てが起り、像は平櫛田中氏の原型で、同年十月五日、まず仮堂に安置し除幕式が行われ、ついで翌三十四年八月二十三日天心堂の竣工式を挙行された。堂は五浦の六角堂の意を汲み、東京芸術大学構内に天心記念像を安置する六角堂を範とし、仰木川面建設の設計により、森泰建設株式会社の施工の下に鉄筋コンクリート造り、銅瓦葺の永久的建築である。

赤倉天心山荘の敷地一千五百坪は、既

に昭和二十五年天心偉蹟顕彰会から富山県滑川(なめりかわ)市の中野秀久氏に移譲されていたが、中野氏はこの天心堂建設の挙に賛同し、二百坪の敷地を寄贈されたので、この地は前記諸石碑を併せて天心堂記念像と共に財団法人赤倉温泉保護協会に寄附され、永久に天心遺跡として保存されることとなったのである。

また五浦は既に本文記載の如く、天心海荘の敷地建物六角堂、大観氏筆の「亜細亜ハ一ナリ」の大石碑と共に国立茨城大学に移譲され、同大学は五浦研究所として保存に当り、建物の修繕、敷地の整備に当り立派に保存されている。

かくして偉人岡倉天心先生の遺跡は父祖の郷里たる福井、生誕地たる横浜、日本美術院の在った五浦、終焉の地たる赤倉と、四ヵ所において立派に保存されることとなったのである。因(ちな)みに墓は東京都染井霊地に在り、別に分骨して五浦に土饅頭(どまんじゆう)形の墓が保存されている。

昭和三十五年七月

天心会　宮本直一

著者略歴

明治八年生れ
明治三十五年東京帝国大学文科大学国史科卒業
三井家事業史編纂に従事、財団法人日本美術院常務理事等を歴任、文学博士
昭和三十六年没

主要著書

近世世相史概観　画題辞典　日本美術院史　芸苑今昔　横山大観

人物叢書　新装版

岡倉天心

昭和三十五年　一　月三十日　第一版第一刷発行
昭和六十一年　六　月　一　日　新装版第一刷発行
平成　七　年　八　月二十日　新装版第三刷発行

著　者　斎藤隆三（さいとうりゅうぞう）
編集者　日本歴史学会
代表者　児玉幸多
発行者　吉川圭三
発行所　株式会社　吉川弘文館
東京都文京区本郷七丁目二番八号
郵便番号一一三
電話〇三―三八一三―九一五一〈代表〉
振替口座〇〇一〇〇―五―二四四
印刷＝平文社　製本＝ナショナル製本

『人物叢書』(新装版)刊行のことば

人物叢書は、個人が埋没された歴史書が盛行した時代に、「歴史を動かすものは人間である。個人の伝記が明らかにされないで、歴史の叙述は完全であり得ない」という信念のもとに、専門学者に執筆を依頼し、日本歴史学会が編集し、吉川弘文館が刊行した一大伝記集である。

幸いに読書界の支持を得て、百冊刊行の折には菊池寛賞を授けられる栄誉に浴した。

しかし発行以来すでに四半世紀を経過し、長期品切れ本が増加し、読書界の要望にそい得ない状態にもなったので、この際既刊本の体裁を一新して再編成し、定期的に配本できるような方策をとることにした。既刊本は一八四冊であるが、まだ未刊である重要人物の伝記についても鋭意刊行を進める方針であり、その体裁も新形式をとることとした。

こうして刊行当初の精神に思いを致し、人物叢書を蘇らせようとするのが、今回の企図である。大方のご支援を得ることができれば幸せである。

昭和六十年五月

日本歴史学会
代表者　坂本太郎

〈オンデマンド版〉
岡倉天心

人物叢書　新装版

2020年（令和2）11月1日　発行

著　者　斎藤隆三

編集者　日本歴史学会
代表者　藤田　覚

発行者　吉川道郎

発行所　株式会社　吉川弘文館
〒113-0033　東京都文京区本郷7丁目2番8号
TEL　03-3813-9151〈代表〉
URL　http://www.yoshikawa-k.co.jp/

印刷・製本　大日本印刷株式会社

斎藤　隆三（1875～1961）

ISBN978-4-642-75044-8